创意足球

CREATIVE FOOTBALL

方　勤◎主编

中国出版集团

现代出版社

序

　　王国维先生曾言：教育之宗旨"使人为完全之人物而已"。何谓完全之人物？谓人之能力无不发达而调和是也。人之能力分为内外二者：一曰身体之能力，一曰精神之能力。过去这些年，上城教育一直致力于培育"身心健康、品质优秀、学业上乘、素质全面、个性鲜明"的上城学子，将"体艺工程"作为"一号工程"，把促进学生全面发展、健康成长作为出发点和落脚点，把学校体育工作与以弘扬爱国主义为核心的民族精神有机整合起来，与培育践行社会主义核心价值观紧密结合起来，形成了多维统整，立体辐射的全时空德育场。

　　足球是一项竞技体育运动，讲究的是技战术的配合，身体的对抗与团队协作，同时也是一种体育教育手段。走进了校园的足球，其育人的价值要上升到较之足球技战术本身更高的高度。校园足球本身价值在于增强学生的体质，学会吃苦耐劳、遵规守则，培养完善的人格，逐渐形成正确的人生观、价值观。校园足球不仅要传授足球技术之"器"，更要重视足球育人之"道"。足球进校园，首先是足球文化进校园，足球精神进校园。以足球为载体，最终达到育人之根本。惟有适宜的环境和肥沃的土壤，才能培育出优良的品种并使之成长为参天大树。

　　本书有别于其他足球教材。本书遵循全纳教育理念，关注学生未来学习能力的培养，体现足球校园文化的建设，注重校园足球文化的普及和推广，扩大校园足球的参与面，夯实足球运动的发展基础，做到人人参与、班班有队、校校有赛,让更多的学生享受足球运动带来的快乐,感受校园足球文化的魅力。本书改变以往学校运动会与校园文化建设脱节、足球赛事与日常的足球教学和锻炼脱节、学校运动会与学生品行养成教育脱节等诸多弊病。编写团队一直在寻找校园足球文化的建设的内容与策略,希望梳理出那些好玩的、"有赛无类"的足球嘉年华内容,能让学生和家长、老师一起投入校园足球活动中,学会合作与分享,感受速度与激情,这就是编写《创意足球》的初心和宗旨。

杭州市上城区教育学院院长　王莺

2019年10月18日

目 录

第一章

绪 论

　　足球运动作为世界第一大运动，欲谋其发展需要在巨大的人口基础上进行持续且有序的普及和推广。对于我国"校园足球"而言，该项运动从中小学开始，一直到高校阶段进行合理且有效的衔接，对"校园足球"活动的成效有着最为重要的影响。与在高中及高校阶段开展"校园足球"相比，中小学阶段的"校园足球"在普及和推广足球运动中的作用显得尤为重要。

　　首先，创意足球有助于培养学生团队合作的意识以及吃苦耐劳的品质。中小学生年龄较小，正处在接受足球知识、技能学习的基础阶段。在这个时期，中小学生可以学习足球的基本技术和技能，增加对足球项目的了解，激发兴趣，为他们以后愿意参加足球运动打下一定的基础。同时，在创意足球教学过程中，让每个孩子参与，融合全纳教育、责任转化和多元能力培养等创意体育理念，强化亲身经历，以养成终身体育习惯为目标，不断让学生在"玩"的美好体验中获得知识与技能，培养其多元能力。

　　其次，中小学阶段开展校园足球是在更高阶段内开展的前提和基础。只有在中小学阶段使学生掌握了相关的足球知识和基本技能，才能使"校园足球"活动在高校中得到可持续发展。

　　上城教育一直走在追求美好的道路上，提出了"美好生活从美好教育开始"的口号，积极回应老百姓对美好教育的向往，努力实现幼有所育、学有所教，让每个孩子都能享有公平而有质量的教育。本着该目标，上城体育大力开展校园足球活动并已取得了一定成效。区内各中小学把足球列入体育课

教学内容，加大学时比重。同时，以扶持特色带动普及，对基础较好、积极性较高的中小学重点扶持。加大对足球运动进校园的宣传力度，进一步做好普及工作，做好保障服务。另外，各中小学多渠道地开展与足球项目相关的课外体育活动，鼓励学生以足球项目作为自己的锻炼途经，不断完善保险机制，提升校园足球安全保障水平，消除学生、家长和学校的后顾之忧。体育教师得到相关培训，能够对参加课外体育锻炼的学生进行指导。教育局及教育学院对在校园足球运动中表现优异的集体与个人进行表彰和奖励。

第一节　足球与儿童

足球是最受青少年学生喜爱的项目之一。世界各国都高度重视中小学足球运动的开展。因为此项运动不仅能提升学生的体质健康水平，还能培养他们良好的心理素质及意志品质，同时对于足球后备人才培养工作也有着积极的意义。

1. 足球运动有利于提高学生的身心健康水平

近些年，一些学者指出青少年体质健康存在严重问题，肥胖症和近视的比例不断增加，令人担忧。为全面提高青少年身体素质，促进青少年健康快乐成长，2007 年国务院颁布《关于加强青少年体育增强青少年体质的意见》，正式启动"全国亿万学生阳光体育运动"项目。足球作为世界第一大运动，其传播力和影响力是其他项目无法媲美的。中央电视台体育频道节目《天下足球》完美地诠释了足球赋予人的体魄、情感、灵魂和精神。把足球作为一种艺术，每一个人都可以去努力地雕刻属于自己的足球梦。青少年是祖国的未来和希望，培养德、智、体、美、劳全面发展的社会主义接班人是全社会的目标。因此应该重视青少年足球的普及与培训，增强青少年的体质。

　　研究表明，足球运动能有效地提高学生的感知觉、观察力、记忆力、想象力、思维能力和创造能力。经常参加足球活动和比赛，能改善学生的心理素质，长期参加足球运动还可以培养机智勇敢、顽强果断、坚韧不拔等意志品质，以及团结协作、热爱集体、勇于竞争、遵守纪律、文明礼貌等道德品质。足球运动对于发展学生的社会适应能力也具有独特的作用。

　　足球运动是通过各种形式的有球和无球活动，如踢球、接球、运球、头顶球、抢断球等身体动作，以及奔跑、急停、转身、倒地、跳跃、冲撞等来进行比赛的。这些身体运动能有效地发展人体的速度、力量、耐力、灵敏、柔韧等，增强人体神经系统、心血管系统等内脏器官系统以及肌肉骨骼等运动系统的功能。足球运动主要在室外环境中进行，能充分利用自然因素，达到锻炼的目的。学生正处于身体发育的初始阶段，通过参加合理的足球运动能够促使他们更加健康地成长。

　　2. 足球运动培养学生交往、合作等多元能力

　　众所周知，足球运动不仅是体能、心理与技术的比拼，也是队员之间团结协作的展示。因此，在中小学足球训练刚开始的时候，老师就要重视对球员合作意识的培养，使他们懂得足球运动中合作的重要性。因为每一次进攻、突破、射门成功都离不开合作，角球破门、定位球破门等也都需要队友的配合。同样，要抵御和化解对方的轮番进攻，也需要队员们密切配合，筑牢防线，使对方的进攻在固若金汤的防线面前瓦解。足球队员要意识到，个人完成的很多传接球与盘带球都是为了给队友的进攻和射门创造更多更好的机会。如果队员之间缺乏合作，在训练或比赛中各自为政，毫不配合，那么即使队员个人能力非常突出，也会必败无疑。因此，足球运动非常有利于培养学生的合作精神与团队意识。

　　3. 足球运动能提高学生身体素质

　　足球运动是一项对抗性强、竞争激烈的运动项目，具有参与人数多、场地大、比赛时间长、技术复杂、战术多样等特点。经常参与足球运动能有效

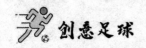

地增强心肺耐力、提升速度、增强灵敏性与身体的协调性，还能培养学生勇敢顽强、坚韧不拔的意志品质，促进学生运用足球技能进行体能锻炼和比赛。

基于校园足球在中小学开展的现状，该课程定位于体验式学科融合和学生为本的足球课程，对刚刚接触足球的学生来说，是一种很好的课程学习。

"创意足球"课程的学习，让学生了解足球文化，学习足球基本知识和基本动作，训练跑跳平衡，尊重每一个学生的想法、感受，发挥特长。在运动中培养团队精神；在互动中形成同伴支持、同伴帮助、同伴鼓励等团队协作意识，完善其人格；在课程中增加对足球的理解，感受足球的热烈氛围，培养乐观拼搏的精神。

本课程旨在点燃学生爱好足球的兴趣之光，开启足球梦想之门，让喜欢足球的孩子有一片施展的天空，促进学生全面而有个性地发展。

第二节　足球进校园活动在上城的开展

当下，中国足球迎来了前所未有的机遇，校园足球已上升到"国家战略"的高度。从国家到各省市，再到学校，都掀起了校园足球热。国内的青少年足球发展在训练体系建设、足球文化熏陶等方面仍然有许多待改善和提升的空间。

绿城足球俱乐部是浙江省内成立时间最早、参赛级别最高的足球俱乐部。杭州绿城足球学校是一所国际化的专业足球学校，学校聘请了足球国际级专家、日本足协副主席冈田武史担任名誉校长。绿城足球执着深耕于职业足球青训，积极致力于青少年足球运动、校园足球的普及和推广，长期与浙江省教育厅、省体育局、省足协等单位进行合作，承担着浙江省青少年足球教练员和校园足球师资培训主要项目等工作，是浙江省专业足球和校园足球的培训基地。

浙江双城文化创意有限公司是绿城集团旗下的企业，负责绿城足球俱乐部的招商、品牌宣传和文化建设，致力于推动浙江省、杭州市青少年足球的普及和提高，传播足球文化，营造足球氛围。目前已成功举办青少年足球发展国际论坛、中超球童选拔、足球嘉年华、校园足球联赛、足球周末体验营等一系列青少年足球活动。青少年足球爱好者欧美游学培训等活动也正在积极筹备中。

上城区是杭州市教育强区，在学生身心健康培养方面，在全市发挥着重要的引领作用。上城区正在大力推进校园足球事业，近年来涌现出了一批足球特色学校，男子、女子足球联赛成绩跃至全市乃至全省前列。

创意足球注重全纳教育，做到人人参与、人人有任务。学校里月月有比赛，班级赛、年级赛、校级赛也在如火如荼地开展。区域也组织了多次这样的活动。

1. 基本情况

上城区现有中小学29所，特教学校1所，职业高中1所，学生28906人，中小学教师2232人。上城区认真贯彻中共中央、国务院《关于加强青少年体育增强青少年体质的意见》，全面实施《国家学生体质健康标准》，扎实开展各项体育工作，为学生的身心健康发展奠定良好的基础。2011年成功创建"浙江省中小学生课外文体活动工程示范区"和"浙江省体育强区"。在大力推进体育教育的背景下，足球运动纳入全区中小学体育课程教学体系。通过加强组织保障、师资保障、课程保障、设施保障等举措，足球运动得到了稳步发展。

目前，上城区共有全国青少年校园足球特色学校2所（清河实验、上教院附小）；浙江省青少年校园足球特色试点学校3所（建兰中学、清泰实验、勇进实验）；省级体育特色学校3所（勇进实验、娃哈哈、上教院附

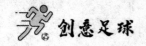

小）；市队联办学校6所（杭六中、杭十中、勇进实验、清河实验、江城、上教院附小），其中足球联办2所（上教院附小、清河实验）；市级综合类体育特色学校3所（清河实验、杭六中、建兰）；市级体育特色项目传统学校5所（杭师附小、紫阳、大学路、穆兴、勇进实验）；区级传统项目学校21所。上城区教育学院附属小学足球队曾荣获浙江省中小学生校园足球联赛小学男子组冠军；杭州市清河实验学校足球队曾获得浙江省中学生校园足球联赛总决赛五连冠；杭州市建兰中学足球队荣获2016年浙江省第七届中小学生校园足球联赛初中男子组冠军；上城代表队还在2019年杭州市"市长杯"校园足球首届精英联赛中勇夺冠军。

2. 主要特色

（1）顶层设计，统筹协调，整体推进

上城区在校园足球推进过程中，坚持政府主导、教育牵头、部门合作、学校主体的原则。教育局和体育局加强协作，整体设计，形成合力。涉及经费保障、场地改善、师资建设、课程开发、特色教学、学生活动、特长培养等方面的问题，统筹协调，纳入教育规划。发挥青少年活动中心、体育基地、足球特色学校的作用，依靠校园足球外聘专家、区教育学院研究员、骨干体育教师组成的团队，指导和引领校园足球运动的实施，保证足球教育和推广的科学性、合理性和实效性。

（2）理念先行，立德树人，贵在育人

在校园足球推进过程中，坚持立德树人，把握贵在育人的理念。上城区旨在培养身心健康、品质优秀、学业上乘、技能全面、个性鲜明的上城学子。在育人目标的指引下推进校园足球活动，弘扬足球文化，坚持"文化教育"与"专业技能培养"相结合，全面增强学生的体质，培养学生吃苦耐劳、遵纪守则、团结协作的品质，使学生素质均衡、全面发展。

（3）点面结合，定点区域，同步推进

立足上城区是老城区、小城区的实际，因地制宜，重点培育定点学校，打造各级足球特色学校。目前已有2所全国青少年校园足球特色学校，3所省级足球特色试点学校，21所区市级体育特色和足球特色项目学校，2019年又新申报5所省级以上的特色学校。一批足球特色学校的脱颖而出，极大推动了区域校园足球活动的发展。同时，注重校园足球活动的普及和区域推广，扩大校园足球的参与面，夯实足球运动的群众基础。通过体育常规教育与足球特色发展齐头并进，做到人人爱踢球、班班有球队、校校有杯赛，让更多的学生享受足球运动的快乐。

3. 实施路径

（1）加强区中小学足球课程建设

增加足球课的课时数，丰富教学内容，让越来越多的学生更详细、准确地了解足球运动的起源与发展。中小学体育教研组要改变教育观念，坚持"以人为本，和谐发展"，训练教学双管齐下，要在体育课上增强对学校的足球技能及意识品质的培养。

（2）加强体育教师队伍建设

师资建设是不可忽视的环节，系统化的岗前培训及考核，包括之后的研修学习是十分必要的。在这一要求下，上城区教育部门采取相关措施，密切联系体育局，为体育教师的继续教育提供最大限度的支持。教育部门和体育部门对各校体育教师的宏观引导亦不可或缺，如对各学校体育教师制定相关的辅导政策，除了要提高体育教师足球理论知识外，更要切实做好足球技能能力的相关培训，建立科学的培训模式，最终达到体育教师能独立教授学生足球技术并能够在战术方面给予专业指导的目标。在多项措施的共同推进下，体育教师不仅能够提供基础的体育教学，更能达到一专多能，这将使小学足球运动的开展步入一个新阶段。

（3）改善中小学足球硬件设施

加快推进开展中小学足球运动，完备的硬件设施是必要条件之一。如球场、球门、球网是基础，另外足球墙、标志桶以及一些其他器械也需配备。

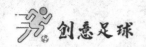

只有硬件设施到位，才能为学校开展足球运动提供基本的保障，也更能吸引学生参与到这项运动中来，充分调动学生的积极性。因此，学校要切实加大资金投入，做好足球场地的建设，并配套购置相关器材，制定科学合理的场地使用规定，发挥其应有的价值，为足球运动的普及提供制度保障，还要将场地的使用、配置权下放到教师手中，教师可以根据实际情况申报使用场地，使足球硬件设施能最大惠及学生，切实推进学校足球运动的深入开展。

（4）转变学生家长对孩子参与足球运动的态度

现在有许多家长为孩子安排了繁重的学习任务，忽视了孩子的身体健康与心理健康。许多家长对学校开展足球运动并不支持，有的甚至认为足球运动的开展影响了学生的学习。为此，学校要加强对足球运动价值的宣传，让家长认识到足球运动不仅能增强学生的身体素质，还能磨砺学生的精神品质，要引导家长认识到孩子参与足球运动的诸多好处。学生能将这项运动当作个人的爱好，并从中享受运动的快乐。

（5）建立校园足球竞赛激励机制

在参照足球协会相关制度的基础上，出台校园足球竞赛成绩等级制度。该制度应突出鼓励学生勤学苦练，提高运动技术水平，提升文化素养，遵守道德规范，积极投入校园足球活动中。对表现优秀的学生，可制定相应政策在其升学阶段给予适当加分以资鼓励，同时建立校园足球竞赛成绩等级制度及运动员等级证书的评定体系，对学生运动员的表现进行充分的肯定与鼓励。对优秀教练员、教师进行物质与精神奖励，并制定足球教师职称评定保障政策。

（6）营造浓厚的校园足球文化氛围

营造文化氛围，不仅要靠足球比赛的推动，还需要加强对校园足球的宣传。在学校内通过多种形式对足球运动的历史、文化等内容进行普及。利用学校、教室装饰空间，以喜闻乐见的形式向学生介绍足球的历史、现代足球运动的起源和发展、我国足球运动的发展、世界杯足球赛、学校的足球小明星等。利用校园广播等形式对足球运动进行宣传，提高广大学生参与校园足球活动的积极性和自觉性。这些活动可以使校园足球活动更充实、更有意义。

第二章
创意足球活动的整体设计

第一节　创意足球的价值定位

2016年7月23日上城区《关于加快发展上城区青少年校园足球的实施意见》出台，在校园足球领导小组的组织下，加强部门合作，完善政策支持，整合优质资源，鼓励社会参与，形成全社会推动校园足球发展的合力。当下，中国校园足球迎来了前所未有的机遇。上城区是杭州市典型的教育强区，在学生身心健康培养方面，也在全市发挥着重要的引领作用。上城区正在大力推进校园足球事业，因老城区足球基础设施不占优势，校园足球的普及从竞技性入手较为困难，当前急需改变以往的发展思路，另辟蹊径，彰显上城的校园足球特色。基于上城区教育环境和足球基础设施的现状，推动"创意足球"活动便是校园足球因地制宜的完美诠释。

创意足球本身价值在于增强学生的体质、培养完善的人格、树立规则意识，逐渐形成正确的价值观和积极向上的人生观。上城区在创意足球的推进过程中，将技能、个性、创新和交往能力的培育融为一体，坚持足球教育贵在育人，旨在培养身心健康、品质优秀、学业上乘、技能全面、个性鲜明的上城学子。推进校园足球活动，弘扬足球文化，正是落实了上城育人目标的要求。

创意足球架构"四板块三层次"的课程内容，以足球运动知识为纲，分为"足球知识、足球场地知识、足球球队知识和足球比赛规则知识"四个板块，按不同年龄段组织内容。以创新模式为主线，从国际标准的足球运动到身边的足球运动，再到创意的足球运动。在了解常规的基础上创造，体验过程。打破学科壁垒，形成教师合作开发组。以模拟足球比赛成员组为基本组织形式，在情境中团结协作、展示自我。

课程实施过程中，学生真正成为创造的主体。以"一个足球创意"为主题单元，从学生需求出发，融合多个学科，形成以学定教，学教合一。在不同的领域，提炼欣赏为先、表达为始、尝试创作、教师指导贯穿始终的教学策略。建立了以学生的个性化表达和过程性表现为主要指标的课程评价机制。

创意足球关注的是学生未来学习能力的培养，体现的是足球校园文化的建设，注重校园足球文化的普及和推广，扩大校园足球的参与面，以足球为载体，是一种包括体育、音乐、美术、信息、语文、数学、英语、科学等"全科足球"文化教育，这种"全科足球"是音乐足球、美术足球、科学足球……让更多的学生参与和享受校园足球带来的快乐。它更是"大足球"，创意足球有赛无类的内容能让学生和家长在校园中、在社区内、在家庭里一起享受运动、享受竞争、享受合作、享受胜利。

第二节　创意足球的目标架构

创意足球作为上城区校园足球的新样式，打破了足球运动与校园文化脱节，足球赛事与足球日常教学脱节，足球运动与家庭、社会教育脱节等弊端，围绕健全人格，把创意足球作为立德树人的重要载体。因此，创意足球在教育理念、教学原则和多元能力培养、评价等方面具有特殊的教育和实践意义。

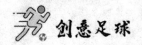

一、创意足球的教育理念

创意足球借鉴创意体育的先进理念，具有全纳性的鲜明特征。全纳教育（inclusive education）是1994年6月10日在西班牙萨拉曼卡召开的"世界特殊需要教育大会"宣言中提出的一种新的教育理念和教育过程。它容纳所有学生，反对歧视，促进积极参与，注重集体合作，满足不同需求，是一种没有排斥、没有歧视、没有分类的教育。学校在校园足球的推广过程中，会发现学生对足球的喜爱程度不一样，足球技术水平也不一样，还要努力让不喜欢足球运动的学生也能融入其中，这就是一个现实的挑战。因此，创意足球具有"大足球"的意识，营造校园足球文化，从文化的角度推广足球。除了体育足球外，还融入了音乐足球、美术足球等，只有这样，才能海纳百川，又能百花齐放。全纳教育倡导创造关注每一个人，加强合作，反对排斥和歧视人的氛围，并按照学生的不同个性和需求来进行教学，促进全员参与，适应儿童的需要。提供各种学习机会，满足不同能力和兴趣的学生的需要，发挥学生的主动性和创造性。

在区内普及足球运动，打造学校足球文化特色，并以创意足球课题研究带动实践推进，构建创意足球的目标机制、保障机制、活动机制，形成具有上城特色，又有浓郁足球味道的校园足球文化，让足球文化浸润校园每个角落，促进学生素质全面发展。经过不懈的努力，确立以"校本课程"开发为主要载体，构建"儿童足球创意课程"，体现于足球运动与各学科的创意整合，还体现于课程中儿童创意无限。

课程从本源上来讲，就是要为儿童铺筑一条通向属于儿童自己的精神家园，促使自我成长的跑道。在我们眼中，儿童不是成人灌注的容器，也不是可以任意塑造的蜡和泥。他们是具有生命力的、发展着的活生生的人，具有无限潜能的创造者。"儿童足球创意课程"是学校依托深厚的校园足球文化传统，构筑儿童足球创意课程的校本课程，鼓励学生从自己喜欢的足球元素出发，开展综合性、跨学科的创意活动，由教师和学生一起开发课程与实施课程。足球创意课程是区域为学生全面素质提升，引领学生自主发展、创意想象、团队协作，促进学生全面发展而开发的一种全新的课程。创意性和儿童性是课程最本质的特征。

二、创意足球的总目标

基于以上理念和上城区足球发展现状，确立创意足球课程总目标为：通过足球创意课程的学习，学生能够获得校园足球运动知识和基本技能；在各学科与足球整合过程中，激发学习兴趣，增强自主学习的意识与能力，增进身心健康，发展身体的协调性，提高生活质量，了解足球运动价值，体会足球运动的魅力；初步具有团队互助意识和创新拼搏精神。儿童足球创意课程不以足球技法传授为主要目标，而是对培养创新人才的积极尝试，是对儿童本质特征的高位解读，是对提升校园足球文化教育意义的自觉思考，也是对校本课程深度建设的执着追求。

三、创意足球的教学原则

1. 教育性原则：创意足球中所有的活动都具有强烈的教育性和引导性，将技能、个性、创新和交往的能力培育融为一体。整个活动要从细节抓起，充分利用足球运动规则要求，不断深化和落实"遵守规则、团结协作、顽强拼搏"，逐步形成精神文明、合作友爱、健康体魄的良好风貌。

2. 全员性原则：创意足球的特征就是需要师生全员参加，根据全纳教育的理念，让每一位师生有角色参与、有任务参与、有要求参与，让每一位师生都成为学校足球运动的主人。

3. 主体性原则：创意足球强调学生的自我管理和自我教育，活动中的裁判、记录、录像、器材搬运、场地整理、广播、家长接待、嘉宾服务等都应让学生参加，促进学生综合实践能力的提高。

4. 趣味性原则：创意足球是一种全新、全方位开展足球文化建设的课程。它既反对以往竞赛式、成人化的比赛项目设置，也反对没有难度的、过于通俗的、简单的纯趣味性比赛。它要让学生在新颖的、竞争性强的、有难

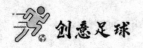

度的活动中享受挑战和勇于展示的乐趣。

5. 选择性原则：创意足球内容丰富多彩，涉及多学科的融合，充分考虑满足学生的兴趣需求。同一内容根据学生的能力情况进行全纳设计，赋予学生和教师可以选择的权利。

6. 示范性原则：创意足球在教育理念、学生能力培养、项目内容等方面有创新，为学校嘉年华、运动会等体育运动的实施提供新思路与新样式。

四、创意足球的多元能力

创意足球的多元发展性不仅是单纯的校园足球能力，更是一种校园足球文化。它涵盖了多元技能、个人能力、交往能力、创新能力等维度。

1. 多元技能：创意足球有体育、音乐、美术和语文等多学科的融合。在活动中，学生可以发挥自己的能力，助力校园足球文化的建设，激发学习的主动性，在互相学习、交流、展示和竞赛中补齐自己的"短板"，完善各种技能，让自己的能力更多元。

2. 个人能力：创意足球尊重每一位学生的特长爱好，关注个性、张扬个性。整个活动过程既能够选择适合自己能力的挑战任务，评价自我目标的实现，又能按照规则及要求安全地进行活动等。

3. 交往能力：创意足球提倡同伴互学和团队合作。足球运动本身就是体现集体主义精神的项目，要将这种精神传递到嘉年华的每个环节，创设交往的环境，开设交往的课程，导设交往的笃行，建设交往的能力。

4. 创新能力：创意足球在内容的选择上具有独特性，内容运用指导以先铺垫后创新的思路展开。在文化创设中鼓励学生发挥想象，创造自己独特的作品；在赛场上鼓励技战术灵活运用，培养赛场解决问题的能力。

五、创意足球的操作维度

1. 课堂的选择：创意足球的教学内容分为身体素质内容和心理素质内容。其内容可以作为体育课堂教学内容的补充和拓展，也可以作为社团活动内容的选择。心理素质内容也可与德育等课程内容相融合。

2. 赛事的选择：创意足球的内容可以延展为趣味的比赛项目和评比活动。根据时间、空间、人数和场地等实际情况，适当调整条件和要求，以期达到效果最佳。

3. 校园文化的选择：在布置学校体育类校园文化时，创意足球活动也是一种较好的选择。也可以借鉴创意足球活动的模式开拓其他运动项目的校园文化建设。

4. 嘉年华活动的选择：学校可以根据实际情况确定嘉年华活动的天数。根据场地和器材，选择创意足球中的内容。根据学生的能力选择对应的能力层级活动。

5. 区域活动的选择：区域内的活动虽然不固定，但是要有可操作性和实效性。创意足球活动具备趣味性、可操作性、选择性，是区域活动的最佳选择。

6. 家庭锻炼的选择：传统的项目单调、乏味，家长容易忽视家庭锻炼，创意足球活动刚好解决这个问题。它可根据家庭的时间、空间、参与人数等因素灵活选择，亲子活动内容形式多样，实施方法灵活。

第三章

创意足球活动解析

第一节　室内创意足球活动

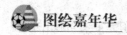 图绘嘉年华

吉祥宝贝

一、活动意图

足球吉祥物最初的目的是希望给球队带来幸运。通过了解世界各国足球队的吉祥物，用夸张、拟人、添加等设计方法，尝试设计足球卡通吉祥物，赋予足球生命以动感。

二、活动目标

1. 了解足球吉祥物的特点，加强对足球吉祥物的认识和喜爱。

2. 利用彩笔、轻黏土等工具，设计足球吉祥物，具有初步创造能力。

3. 参与足球吉祥物设计，丰富生活情趣。

三、全纳设计

层　级	具 体 说 明
★	设计一个足球吉祥物。
★★	设计一系列足球吉祥物。
★★★	用轻黏土进行足球吉祥物制作。

★设计一个足球吉祥物。

★★设计一系列足球吉祥物。

★★★用轻黏土进行足球吉祥物制作。

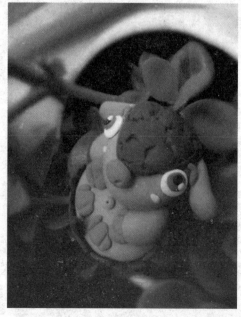

四、活动建议

1. 组织方法：学生欣赏、观察足球吉祥物的特点，对足球吉祥物有感性的认识，尝试学习用夸张、拟人、添加的设计方法设计吉祥物。可以用彩笔设计或者用轻黏土制作足球吉祥物，并进行作品交流展示，师生互评。

2. 能力实施：在研究性学习过程中，展现自主学习能力。用彩笔设计或者用轻黏土制作足球吉祥物，培养创造能力。组员展示交流时，同时欣赏其他同学的足球吉祥物，培养交往能力。

3. 活动评价：

给自己打个★吧！

评价指标	评价内容	评价等级		
		★	★★	★★★
个性发展	★ ★★ ★★★			
实践操作	★参考图片临摹表现足球吉祥物。 ★★能够进行简单添画表现足球吉祥物。 ★★★用彩笔或轻黏土创意表现足球吉祥物。			
交往合作	★ ★★ ★★★			
创造能力	★临摹完成足球吉祥物的表现。 ★★临摹设计足球吉祥物时有简单添画表现。 ★★★自由而有创意地设计足球吉祥物。			

4. 活动准备：

①场地：室内、独立坐。

②教师准备：足球吉祥物、白色卡纸、课件、评价表。

③学生准备：彩笔、轻黏土。

5. 参考资料：

2014年巴西世界杯吉祥物　　　　2018年俄罗斯世界杯吉祥物

决战之报

一、活动意图

在设计制作手绘足球海报的过程中，学习标题文字的创意书写和装饰方法。了解海报的构成要素和设计方法，学生体验并积极参与到多姿多彩的足球活动中。

二、活动目标

1.通过欣赏世界杯足球赛的海报，了解具有各国文化特色的足球海报及组成部分。

2.运用独立的造型语言为校园足球赛徒手绘制一张海报。

3.在小组合作过程中，体验团队精神和足球精神。

三、全纳设计

层 级	具 体 说 明
★	设计"足球"的艺术字。
★★	手绘足球相关主题文字。
★★★	手绘一张完整的足球比赛海报。

★设计"足球"的艺术字。

★★手绘足球相关主题文字。

★★★手绘一张完整的足球比赛海报。

四、活动建议

1. 组织方法：海报设计小组合作讨论，根据提供的一些编排方式，小组一起设计海报草图并进行交流展示。

2. 能力实施：活动时长为20分钟，可以给学生提供一些足球相关的素材图案和参考美术字，降低创作难度，学生可以设计一星或二星作品；活动时长为30分钟，学生可分组自由创作足球海报，完成三星作品。

3. 活动评价：

给自己和同伴打个★吧！

评 价	评 价 内 容	评 价 等 级		
		★	★★	★★★
个性发展	★ ★★ ★★★			
实践操作	★学生根据相关的足球图片和美术字素材，设计一星作品。 ★★学生根据相关的足球图片和美术字素材，设计二星作品。 ★★★学生根据相关的足球图片和美术字素材，设计三星作品。			
交往合作	★参与小组海报设计、绘制、宣传。 ★★所在小组设计的海报要素完整。 ★★★所在小组设计的海报获得"最受欢迎奖""最有美感奖""最具创意奖"等。			
创造能力	★ ★★ ★★★			

4. 活动准备：

①场地：教室，按4~6人小组摆放桌椅。

②材料：海报纸、马克笔等。

③教师准备：世界杯足球赛海报，相关的足球图片和美术字素材，16开和8开素描纸。

④学生准备：马克笔等绘画工具。

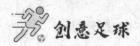 创意足球

5. 参考资料：http://www.nipic.com/show/20471150.html。

1986年墨西哥世界杯

1994年美国世界杯

2010年南非世界杯

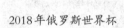

2018年俄罗斯世界杯

灵魂战袍

一、活动意图

球衣是运动员进行足球运动时穿的衣服，一般为上身短袖和下身短裤。球衣的设计要求颜色鲜明，可拼色组合。签名球衣更有着不同的象征意义，具有独特性、收藏性、艺术性等价值。

二、活动目标

1. 通过欣赏球衣设计，初步了解球衣的特点。

2. 利用彩笔、彩纸等工具进行设计以及制作。

3. 在小组合作过程中，体验团队精神和足球精神。

三、全纳设计

层　级	具体说明
★	设计由色块线条组成的球衣。
★★	小组合作设计等身大小球衣。
★★★	小组合作设计等身大小有个性的球衣，可添加个性签名。

★设计由色块线条组成的球衣。

★★小组合作设计等身大小球衣。

★★★小组合作设计等身大小有个性的球衣，可添加个性签名。

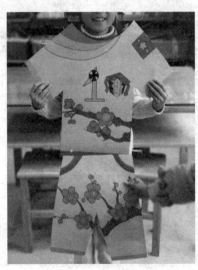

小组设计女子足球队队服

四、活动建议

1. 组织方法：4人小组合作讨论，根据球衣构成要素设计球衣图，小组之间交流展示。可以添画球队特色进行加工，小组合作完成球衣。

2. 能力实施：在讨论过程中，展现交往能力和创造能力。小组讨论组成部分：色块、标号等，根据队名和小队特色进行绘制。组员合作展示，交流评价其他小队的球服设计，在创造美的同时感受美。

3. 活动评价：

给自己打个★吧！

评　价	评　价　内　容	评　价　等　级		
		★	★★	★★★
个性发展	★说一说球服的组成部分和特点。 ★★思考设计要素，并参与绘制。 ★★★根据队名或小队特色绘制球服。			
实践操作	★ ★★ ★★★			
交往合作	★小组内交流球衣设计。 ★★小组之间交流创作。 ★★★小组合作绘制等身球服。			
创造能力	★绘制剪裁球服基本造型。 ★★采用简单色块、线条设计球服。 ★★★设计独一无二、有创意的等身球服。			

4. 活动准备：

①场地：教室，按4~6人小组摆放桌椅。

②教师准备：大张彩色卡纸10张（全开），小张彩色卡纸一袋（A4），课件，评价表。

③学生准备：剪刀、彩笔（水彩笔）。

5. 参考资料：

荣耀之杯

一、活动意图

足球奖杯是奖给在比赛中有杰出表现的团队的奖励，象征着胜利和荣誉。奖杯也体现了团队合作精神，奖杯的设计制作同样需要团队的协作设计。

二、活动目标

1. 通过欣赏奖杯图片以及奖杯模型，了解奖杯的构成。

2. 利用彩笔、黏土、陶泥等工具进行设计以及制作。

3. 在小组合作过程中，体验团队精神和足球精神。

三、全纳设计

层 级	具 体 说 明
★	足球奖杯的设计线稿。
★★	绘画足球奖杯的细节部分,需要上色。
★★★	用陶泥或轻黏土进行创意制作。

★足球奖杯的设计线稿。

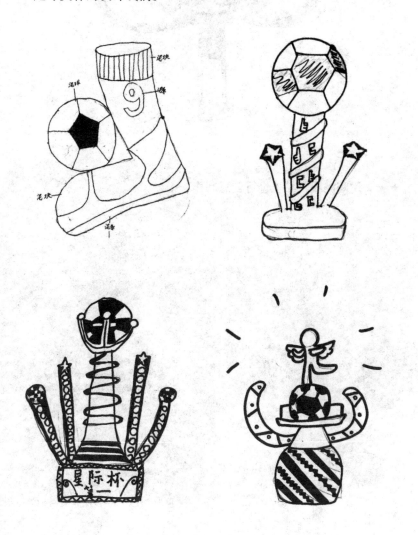

★★绘画足球奖杯的细节部分，需要上色。

★★★用陶泥或轻黏土进行创意制作。

四、活动建议

1. 组织方法：小组合作讨论，根据奖杯造型结构设计奖杯稿图，小组之间交流展示。可以添画稿图细节进行上色，小组合作制作奖杯成品。

2. 能力实施：在讨论过程中，展现协作能力。小组创造作品，分工合作，培养创造力。组员展示交流，同时欣赏其他小组的足球奖杯，激发对足球的兴趣，提升团队荣誉感。

3. 活动评价：

给自己打个★吧!

评　价	评　价　内　容	评价等级				
		★	★	★	★	★
个性发展	★ ★★ ★★★					
实践操作	★和同伴一起说说奖杯造型结构。 ★★和同伴一起讨论,并画出奖杯设计图。 ★★★完成有创意的奖杯图或用泥土制作创意杯。					
交往合作	★小组内交流奖杯的特点和意义。 ★★组员合作设计奖杯稿图,并小组交流。 ★★★合作完成有创意的奖杯,并帮助同伴一起完成。					
创造能力	★模仿已有足球奖杯模型,绘制奖杯。 ★★在已有足球奖杯模型的基础上加上不同创意。 ★★★创作独一无二的个性奖杯。					

4. 活动准备：

①场地：教室，按2~3人小组摆放桌椅。

②教师准备：足球奖杯模型，陶泥或轻黏土，课件，评价表。

③学生准备：彩笔（水彩笔）。

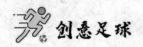

信念徽章

一、活动意图

各个足球队都有自己团队的独特标志或意义队徽。队徽是一种象征，一种含义，代表着团队的形象，见证着团队的发展。学习足球队徽的设计，了解足球队徽，通过绘画或剪贴形式创作徽章，接触足球文化，培养对足球文化的兴趣。

二、活动目标

1. 认识世界代表性足球队队徽。

2. 了解队徽的组成部分，尝试用彩笔或彩纸进行设计。

3. 在小组合作过程中，合理分工，体现团队合作精神。

三、全纳设计

层 级	具 体 说 明
★	认识五个足球队队徽,根据组成要素和色彩进行临摹。
★★	设计带有足球元素的队徽。
★★★	为自己的足球小队命名,并根据队名集合组员创意,用彩笔或彩纸进行队徽设计。

★认识五个足球队队徽，根据组成要素和色彩进行临摹。

| 巴西 | 德国 | 加拿大 |

美国　　　　　　　瑞典　　　　　　　泰国

中国　　　　　　意大利　　　　　　西班牙

★★设计带有足球元素的队徽。

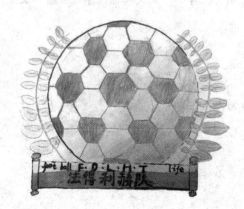

★★★为自己的足球小队命名，并根据队名集合组员创意，用彩笔或彩纸进行队徽设计。

四、活动建议

1. 组织方法：小组为单位，根据已有的队徽小卡片，进行队名配对，观察足球队徽组成要素、色彩构成，进行小组汇报。注意组成要素，用主要色块快速进行队徽临摹。设计有创意的徽章标识，并为小队取一个特别的名字。

2. 能力实施：在讨论过程中，体现组员对足球文化的理解力。小组组员分工合作，交流创意，体现创新和交往能力。学生根据不同的要求选择logo的创意绘制。

3. 活动评价：

给自己打个★吧！

评价	评价内容	评价等级		
		★	★★	★★★
个性发展	★ ★★ ★★★			

续表

评 价	评 价 内 容	评价等级		
		★	★★	★★★
实践操作	★认识和临摹足球徽章。 ★★参考范作设计简单的足球徽章。 ★★★独立设计绘画完整的足球徽章。			
交往合作	★参与小组活动。 ★★参与小组讨论并能够发表自己的观点。 ★★★积极参与讨论并代表小组汇报发言。			
创造能力	★临摹完成足球徽章。 ★★设计一枚带有足球元素的徽章。 ★★★创作一枚有个性、有创意的足球徽章。			

4. 活动准备：

①场地：室内，4~6人小组。

②教师准备：各球队队徽图片、白色卡纸、彩纸、课件、评价表。

③学生准备：彩笔。

5. 参考资料：

①曼彻斯特联队队徽（曼联）：红魔鬼的身体实际上是由"M"和"U"两个字母叠加组成的。于是，这个被叫作弗雷德（Fred）的小红魔就成了曼联的吉祥物。因为三叉戟是古希腊神话中海神波赛冬的

武器，攻击力超强，所以红魔鬼弗雷德手拿三叉戟的含义也就很容易理解了——让对手恐怖，体现曼联的冠军王者气质。

②AC米兰队徽：米兰的队徽是白底红十字的盾形徽章，这也是米兰城市的标志，队徽上有俱乐部创建的时间1899年以及俱乐部名称的缩写ACM。

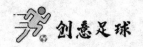

炫酷彩绘秀

一、活动意图

彩绘在足球运动中是一种独特的文化，既能活跃赛场气氛，又能为支持的球队加油呐喊。学生结合色彩、形状，思考在身体的不同部位设计不同内容，体验创新，感受足球文化与运动氛围。

二、活动目标

1. 了解足球的彩绘文化，尝试彩绘脸部与手部。

2. 分析彩绘的色彩与内容，利用油彩进行创作。

3. 通过绘画与游戏，激发学生参与足球的积极性。

三、全纳设计

层 级	具 体 说 明
★	用喜欢的颜色进行搭配，绘画脸部。
★★	在脸部(或手部)设计有特殊含义的彩绘内容。
★★★	在手指以及手上进行队服绘画，并以小组为单位进行足球小游戏。

★用喜欢的颜色进行搭配，绘画脸部。

★★在脸部（或手部）设计有特殊含义的彩绘内容。

★★★在手指以及手上进行队服绘画，并以小组为单位进行足球小游戏。

以小组为单位进行足球小游戏

四、活动建议

1. 组织方法：小组交流创作，根据色彩搭配，小组探究，设计彩绘内容。学生根据选择内容，可以设计脸部色彩绘画，在脸部（或手部）设计有特殊含义的彩绘内容，或者在手上以及手背进行队服绘画，并以小组为单位进行足球小游戏。

2. 能力实施：在小组讨论的过程中，合作交流，体现自主探究能力。学生根据自己的能力选择不同的表现内容，体验创新，感受足球文化与运动氛围。

3. 活动评价：

给自己打个★吧！

评 价	评价内容	评价等级		
		★	★★	★★★
个性发展	★ ★★ ★★★			
实践操作	★学生选择喜欢的部位并选择一种颜色进行绘画。 ★★学生选择喜欢的部位,加入创意元素,至少选择两种颜色。 ★★★学生根据相关的足球材料,创作有新意的身体彩绘,色彩搭配鲜明、漂亮。			
交往合作	★参与小组讨论,说说想画的部位。 ★★小组合作画一画,进行交流。 ★★★帮助同伴相互画一画,并体验小游戏。			
创造能力	★ ★★ ★★★			

4. 活动准备：

①场地：教室，按4~6人小组摆放桌椅。

②教师准备：水粉颜料、水粉笔、水桶等，课件，评价表。

③学生准备：水粉工具。

一票难求

一、活动意图

足球赛的门票是观看比赛的入场券，而且具有纪念意义以及收藏价值。学生在设计足球小队比赛的门票时，根据门票的功能进行合理创新设计，培养创造意识。

二、活动目标

1. 了解足球的门票，尝试设计足球比赛门票。

2. 分析足球门票设计的基本要素，利用彩笔设计个性的足球门票。

3. 通过足球门票设计，激发学生参与足球的积极性。

三、全纳设计

层级	具体说明
★	设计足球门票的副券部分。
★★	设计足球门票的主券部分。
★★★	设计一张完整的足球门票，添加细节、上色。

★设计足球门票的副券部分。

★★设计足球门票的主券部分。

★★★设计一张完整的足球门票，添加细节、上色。

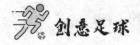

四、活动建议

1. 组织方法：组织学生进行自主学习，了解门票的主券、副券、活动名称、主题图案、活动时间和地点等要素。小组探究交流足球门票的设计内容。学生根据选择内容，设计副券、主券，或者设计完整的一张门票，添画细节进行上色。

2. 能力实施：在自主研究门票要素的过程中，体现了自主探究能力。小组探究交流足球门票的设计内容，培养小组合作精神。学生根据自己的能力选择不同的表现内容，激发学习兴趣、增强自信，体现个性发展。

3. 活动评价：

给自己打个★吧!

评价	评价内容	评价等级		
		★	★★	★★★
个性发展	★ ★★ ★★★			
实践操作	★在同伴帮助下绘画足球门票。 ★★独立设计绘画足球门票。 ★★★独立设计绘画足球门票,添画细节并上色。			
交往合作	★参与足球门票设计内容的小组讨论。 ★★参与讨论并能够积极发表自己的观点。 ★★★帮助同学绘画足球门票。			
创造能力	★模仿范画完成足球门票的设计。 ★★设计足球门票时在范例的基础上有所变化。 ★★★创作实用、美观、有创意的足球门票。			

4. 活动准备：

①场地：室内，4~6人小组。

②教师准备：门票、白色卡纸、课件、评价表。

③学生准备：彩笔、剪刀、尺子。

足球之变

一、活动意图

运用一张普通的纸条，折成一个六边形，绘制足球的纹样进行翻折，带来类似万花筒的多种图案变化，通过剪剪、折折、画画、翻翻，学生既动手又动脑，乐趣无穷。

二、活动目标

1. 运用简单的材料，一张纸条通过折，制作简单的六边形。

2. 欣赏不同纹样的足球，在六边形上设计相应的一色或彩色足球纹样。

3. 在不停地翻来转去中，足球纹样不停地变化，疑惑、惊喜与收获充盈着整个学习过程。

三、全纳设计

层级	具 体 说 明
★	用纸条折一个六边形。
★★	在六边形上手绘足球纹样。
★★★	翻转玩一玩体验足球变脸的乐趣与惊喜。

★用纸条折一个六边形。

边长：4厘米　共10个正三角形

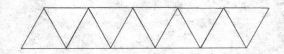

在白纸上画10个等边三角形

剪下纸条

依次折正三角形

留出最后一个三角形粘贴

折成六边形

★★在六边形上手绘足球纹样。

★★★翻转玩一玩体验足球变脸的乐趣与惊喜。

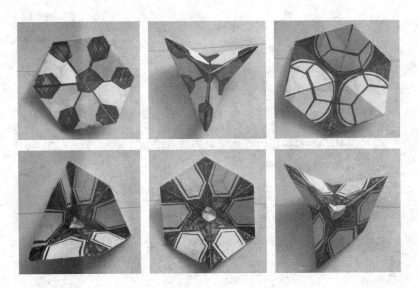

四、活动建议

1. 组织方法：以4~6人为一组展开活动，通过观看视频和示范，学习六边形的折法。组内动手能力强的孩子可以辅导弱的孩子，一起完成六边形的制作。

2. 能力实施：在折六边形的过程中，展现空间思维和创造能力。设计足球纹样时，学生对点、线、面进行综合运用，并对色彩进行合理搭配。在不停翻转玩的过程中，体验足球不断变化的纹样所带来的惊喜与成功的喜悦。

3. 活动评价：

给自己打个★吧！

评价	评价内容	评价等级		
		★	★★	★★★
个性发展	★ ★★ ★★★			

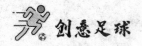

续表

评 价	评 价 内 容	评价等级		
		★	★★	★★★
实践操作	★在同伴帮助下折出一个可以翻转的六边形。 ★★看图示可以折出一个可以翻转的六边形。 ★★★用纸条独立折出一个可以翻转的六边形。			
交往合作	★帮助一位同学完成六边形的制作。 ★★帮助两位同学完成六边形的制作。 ★★★帮助三位及以上同学完成六边形的制作。			
创造能力	★模仿范例完成足球纹样的绘制。 ★★绘制足球纹样时在范例的基础上有所变化。 ★★★创作足球的纹样独一无二,有个性。			

4. 活动准备:

①场地:教室,按4~6人小组摆放桌椅。

②教师准备:完成的六边形足球(大型),裁好的白纸条,课件,评价表。

③学生准备:直尺、剪刀、彩笔(水彩笔)。

5. 参考资料:http://www.nipic.com/show/20886260.html。

 唱响嘉年华

声入人心

一、活动意图

世界杯主题曲是指足球世界杯主题歌。历届世界杯都有热情、激动人心的主题曲。学生在欣赏经典的世界杯主题曲中，体会不同国家的音乐风格，感受优美的旋律和舞蹈带给他们的快乐，懂得快乐是可以通过音乐分享和飞越国界的。

二、活动目标

1. 聆听经典的世界杯主题曲《生命之杯》、*Waka Waka*、*To Be Number One*，体会不同的音乐风格。

2. 用热烈、富有激情的声音演唱歌曲《生命之杯》的高潮部分,创编简单的舞蹈动作来表现音乐，感受音乐带来的快乐。

3. 通过欣赏，懂得世界杯主题曲的确定要平衡本土性和全球性，要同时融合体育和音乐的元素，激发学生对体育盛会音乐作品的学习兴趣。

三、全纳设计

层级	具 体 说 明
★	欣赏《生命之杯》,学唱歌曲高潮部分。
★★	欣赏《生命之杯》、*Waka Waka*、*To Be Number One*,学唱《生命之杯》高潮部分。
★★★	欣赏《生命之杯》、*Waka Waka*、*To Be Number One*,创编动作表现音乐。

四、活动建议

1. 组织方法:以学习层次为单位，根据学生欣赏音乐的能力，开展不

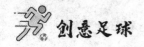

同的音乐实践活动。先以班级为单位，组织学生集体聆听世界杯主题曲，学唱歌曲高潮部分，感受不同国家的音乐风格。然后以小组为单位，选择一首主题曲进行动作的创编，在音乐实践活动中相互合作，表现世界杯主题曲的音乐特点。

2. 能力实施：在集体聆听主题曲的过程中，体现学生欣赏音乐、感受音乐的能力。在小组合作展示的环节中，体现学生自主学习音乐、表现音乐的能力。

3. 活动评价：

给自己打个★吧！

评价	评价内容	评价等级		
		★	★★	★★★
个性发展	★能安静地欣赏音乐。 ★★能富有激情地演唱歌曲。 ★★★能主动与他人合作，创编动作表现音乐。			
实践操作	★较认真地聆听主题曲《生命之杯》，随着音乐哼唱歌曲的高潮部分。 ★★认真聆听三首经典主题曲，体会不同的音乐风格，正确演唱《生命之杯》的高潮部分。 ★★★认真聆听音乐，富有激情地演唱《生命之杯》的高潮部分，创编动作表现音乐。			
交往合作	★和同学一起认真欣赏音乐。 ★★和同学一起认真欣赏音乐，演唱歌曲。 ★★★和同学一起认真欣赏音乐，演唱歌曲，合作创编动作表现音乐。			
创造能力	★能想象音乐表现的内容。 ★★能体会不同国家的音乐风格。 ★★★体会不同国家的音乐风格，分组创编动作表现音乐。			

4. 活动准备：

音乐课件制作。

激情喝彩

一、活动意图

通过口号、节奏的模仿和创编，提高学生观看足球比赛的兴趣，营造观看足球的氛围。

二、活动目标

1. 通过节奏的模仿，乐器的演奏，增强学生的节奏感。

2. 创编口号，并能根据口号创编适合的节奏，提高学生观看足球的兴趣，烘托气氛。

3. 通过不同口号、节奏的创编，发挥学生的想象，提高学生的创新力。

三、全纳设计

星级	要　求	内　容
一星级 （★）	模仿口号与节奏 用沙锤演奏。	X　X ∣ X X　X ‖
二星级 （★★）	教师提供节奏 学生选择合适的口号，并用小鼓演奏。	X　X ∣ X X　0 ∣ X　X ∣ X X　0 ‖ 1. 赛出风格，赛出水平。 2. 为球队助威，为胜利喝彩。
三星级 （★★★）	学生创编口号 用适合的节奏念一念，并用小鼓演奏。	

四、活动建议

（一）组织方法

1. 一星级（★）

①教师提供口号与节奏，让学生跟着模仿，并用沙锤合着节奏把口号念一念。

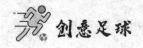

②能力实施：通过口号、节奏的模仿，能让学生体会观看足球时现场的氛围。

2. 二星级（★★）

①教师提供两组口号与一组节奏，让学生根据口号选择适合的节奏型，并用小鼓合着节奏把口号念一念。

②能力实施：通过口号与节奏的练习，增强学生观看足球的兴趣，让学生了解用正确的节奏念口号能带动观看足球时现场的气氛。

3. 三星级（★★★）

①让学生自由创编口号，创编节奏，并用小鼓合着节奏把口号念一念。

②能力实施：通过创编，激发学生的想象力与创新力，增强对观看足球赛的兴趣。

（二）评价细则

项目	★	★★	★★★	评价
个性发展	念口号能做到整齐统一。	选取合适的并较能突出集体特色的口号。	选取合适的且能突出集体特色的口号并用乐器演奏。	
实践操作	能按节奏模仿教师提供的口号。	能合着乐器较有节奏地念出口号。	能合着乐器完整地按节奏念出口号。	
合作交往	组员之间能完成口号与节奏的配合。	组员之间口号与节奏的配合较默契，用乐器演奏基本准确。	组员之间口号与节奏的配合非常默契，并能用乐器准确演奏。	
创造能力	能创编出简单的口号，节奏基本准确。	能创编出较新颖的口号与节奏。	能创编出合适的、新颖的口号与节奏。	

（三）活动准备

①布置场地。

②准备器材：沙锤、小鼓等。

球舞飞扬

一、活动意图

体现青春活力，发展学生的灵敏性和协调能力。培养学生团队协作的能力，增强学生集体荣誉感，提升学生的价值观和荣辱观。

二、活动目标

1. 学生掌握基础动作，能进行动作组合与队形变换，并能自由创编。

2. 培养学生对足球的兴趣，培养学生团队协作与创新能力，增强集体荣誉感。

三、全纳设计

星 级	要 求	内 容
一星级 （★）	学习基本手型。 学习基本步法。	掌握简单的基本手型 （并拢式、分开式……） 掌握2~3种基本步法 （踏步、点步……）
二星级 （★★）	学习基本手位。 学习基本步法。 尝试手位与步法的组合。	掌握简单的基本手位 （并拢式、分开式、W形、V形……） 掌握2~3种基本步法 简单地进行手位与步法的结合
三星级 （★★★）	学习基本手位。 学习基本步法。 手位与步法的组合。 队形变化及与音乐的配合。	进行手位与步法的组合 队形变化 作品与音乐配合

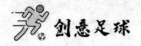

四、活动建议

（一）组织方法

1. 一星级（★）

①观看啦啦操、花球操等图片、视频，借鉴其形式，学习相关的基本手型与基本步法（并拢式、分开式，踏步、点步），在老师的帮助下，进行动作的串联。

②能力达成：通过视频观看、动作的学习，让学生欣赏美。

2. 二星级（★★）

①以小组为单位组织学生学习基本手位和基本步法（并拢式、分开式、W形、V形，踏步、点步），并进行手位与步法的组合。

②能力达成：通过学习基本手位和步法的组合，培养学生的灵敏性和协调能力；通过动作组合的创编，培养学生的想象力与创造力。

3. 三星级（★★★）

①按小组进行基本手位与基本步法相结合的动作编创，小组成员之间讨论队形的变换，在音乐的伴奏下呈现作品。

②能力达成：通过小组成员之间的讨论，培养学生团队协作的能力和合作交往能力。

（二）星级评价细则

项目	★	★★	★★★	评价
实践操作	掌握基本手位和步法（并拢式、分开式，踏步、点步）。	掌握基本手位和步法，动作组合协调，做动作时能保持重心平衡。	掌握基本手位和步法，动作有力度和爆发力，干净利落。	
个性发展	能模仿基本动作。	能创编简单的动作组合。	队形、动作有自己的风格特点，富有青春活力。	

续表

项目	★	★★	★★★	评价
合作交往	与小组成员配合完成作品。	较完整呈现作品，成员配合较默契。	完整呈现整个作品，成员配合非常默契。	
创造能力	能对基本手位和步法进行组合。	能有简单的队形变换。	动作组合新颖，队形变换有新意。	

（三）活动准备

1. 布置场地。

2. 准备器材：花球、彩带等。

 激情嘉年华

绿茵警察

一、活动意图

学生根据对足球比赛的规则学习，更加深入地了解足球。学习后，能作为裁判执裁一些简单的小球赛，树立学生遵守规则的意识。

二、活动目标

1. 学习足球规则，并能运用规则进行业余球赛的裁判。

2. 裁判执裁过程中培养学生的实践操作能力，在与队员沟通时锻炼学生的社交能力。

三、全纳设计

星级难度	具体说明
★	助理裁判员
★★	实习主裁判
★★★	主裁判

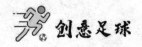

1. 星级难度：★

助理裁判员在场地边线外协助主裁判，能准确判别界外球。当球整体越出比赛场地时，积极裁判比赛，并能判别角球、球门球及掷界外球。

2. 星级难度：★★

实习主裁判能在教师指导下完成校园业余半场球赛，能对界外球及越位准确判断和处理。

3. 星级难度：★★★

主裁判能独立完成校园业余球赛，把握球赛中的违例和犯规，并作出准确的处理。

四、活动建议

1. 活动内容：根据助理裁判员、实习主裁判、主裁判三类的裁判员进行分场次执裁学习，在实践比赛中轮流担任裁判，比赛前建议适当地进行裁判理论培训。

2. 组织实施：比赛中助理裁判员在场地边线协助主裁判，能准确判别界外球，当球整体越出比赛场地时，积极裁判比赛，并能判别角球、球门球及掷界外球；实习主裁判能在教师指导下完成校园业余半场球赛，能对界外球及越位准确判断和处理；主裁判能协助主裁判，对界外球、角球、球门球能准确裁判；主裁判能独立完成校园业余球赛，把握球赛中的违例和犯规，并作出准确的处理。

（1）助理裁判员的主要职责是在场地边线外协助主裁判。对自己所执裁范围内的界外球能有准确的判断和裁判，在组织活动时建议从五人制比赛开始，每场比赛设两位助理裁判员及一名主裁判。

（2）实习主裁判能在教师指导下完成校园业余半场球赛，能对界外球及越位准确判断和处理。建议从半场球赛开始，在遇到判罚不准确及无法准确处理的情况时，教师要及时介入。针对裁判员跑位及界外球和越位的判罚上进行深入学习。

（3）主裁判能独立完成校园业余球赛。把握球赛中的违例和犯规，并作出准确的处理。建议从五人制比赛开始入手学习。

3. 能力实施：在裁判员学习过程中，学生从球员到裁判员的角色转换，不仅激发了学生对足球的兴趣，还培养了学生的实践操作能力，更多的是责任的承担，树立了学生公平公正、敢于承担责任的精神。

4. 活动评价：

评 价	评 价 内 容	评价等级		
		★	★★	★★★
个人能力	★个人敢于判罚违例和犯规。 ★★个人敢于判罚违例和犯规，且判罚基本准确。 ★★★个人没有任何帮助下能独立参与球赛的裁判工作。			
多元技能	★裁判过程中有手势。 ★★裁判过程中有手势、有交流。 ★★★个人裁判过程中有手势、有交流。			
交往能力	★执裁时和主裁判、球员有沟通交流。 ★★执裁时和主裁判、球员有多次沟通交流。 ★★★执裁时和主裁判、球员有多次沟通交流，除了言语交流外，能有手势和其他信号的交流，维持裁判员和球员之间的融洽关系。			

5. 活动准备：

40分钟、足球场、口哨。

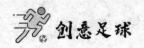

一战到底

一、活动意图

以足球知识竞赛的形式，提高学生对足球知识学习的兴趣。在足球知识与足球文化的知识竞猜中，对足球运动有更多的认识与了解。

二、活动目标

1. 了解足球文化知识，在班级个人赛中，学生敢于发言、敢于表达自己；在团队赛中培养学生与他人沟通、交流的能力。

2. 在足球知识竞赛中，加深学生对足球运动更多的认识与了解。

三、全纳设计

层 级	具 体 说 明
★	判断题:题目内容为足球运动的起源与发展类的知识
★★	选择题:题目内容为足球技术与技能类的知识
★★★	问答题:足球裁判类知识、竞赛类知识

★以判断题的形式进行知识抢答，题目内容为足球运动的起源与发展类的知识。

如：（1）第一届世界杯在乌拉圭举行。……………（对）

（2）古代足球称为藤球。…………………（错）

★★以选择题的形式进行知识抢答，题目内容为足球技术与技能类的知识。

如：（1）下列踢球技术中可以让球产生弧度的踢球方法（ A ）

    A. 脚背外侧踢球   B. 脚跟踢球

    C. 脚背踢球   D. 脚底踢球

（2）踢球力量最大的技术动作是（ B ）

    A. 脚背外侧   B. 脚背正面   C. 脚背   D. 脚底

★★★以问答题的形式进行知识抢答，题目内容为足球裁判类知识、竞赛类知识。

如：（1）足球比赛时，球由防守者踢出球门线，该怎么判？

答：角球。防守方踢球出界，攻方获得一次角球机会。

（2）在足球比赛中，什么是越位？

答：在足球比赛中，进攻方的队员踢球，同队的另一队员如果在对方半场内，并在球的前方或攻防队员与对方端线之间、对方队员少于两人，都是越位。

四、活动建议

1. 活动内容：以抢答的方式，组织学生进行个人或团队的足球知识竞赛。

2. 组织实施：

（1）团队知识竞赛：按学习小组划分若干组，提问后每一组有30秒时间，组内成员相互讨论、沟通后听信号进行抢答，讨论过程中不得查阅材料。抢答错误扣1分，答对得2分；答题错误的队伍需查阅资料，并选派代表将正确答案向大家公布，要求每位队员都要有一次发言，20题为一轮，两轮后按积分排名决出。队员可以分工合作，如：A队员举旗抢答，B队员回答问题，其余队员负责查阅资料讨论，下一轮抢答时可以轮换角色进行。

（2）个人知识竞赛：分组进行，建议12人左右为一组开展活动，轮流担任裁判角色，要求做到公平公正，并且记录每一次答题的队员得、失分数。提问后开始抢答，抢答错误扣1分，答对得2分；答题错误时，要求大家一起查阅资料，共同学习。

3. 能力实施：在知识抢答过程中，个人赛和团队赛都注重学生角色的扮演，团队合作共同学习。每一位学生都有机会扮演各个角色，回答发言环节促进学生敢于展示和表达自我的个性形成，相互讨论、合作学习环节培养了学生社交能力及合作学习能力，在查阅资料过程中，学生也可借助多媒体

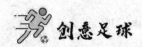

发展实践操作能力。

4. 活动评价：

评 价	评 价 内 容	评价等级		
		★	★★	★★★
个人能力	★个人借助书本及课外书查阅资料。 ★★个人借助电脑或其他多媒体查阅资料。 ★★★个人能借助两种不同的方式查阅资料。			
多元技能	★在发言过程中有两次机会看资料,大家能听清。 ★★在发言过程中有一次机会看资料,发言人声音响亮。 ★★★在发言过程中不可看资料,要求声音响亮、清晰,有适当的肢体语言。			
交往能力	★参与小组讨论。 ★★参与讨论并能和同学分享自己的见解。 ★★★帮助同学一起学习。			
创新能力				

5. 活动准备：

40分钟、竞赛题目、计时器。

蹴鞠文化

一、活动意图

通过本次活动，学生对中国的蹴鞠有所了解，知道中国早期的足球是蹴鞠，足球源于中国。欣赏古诗词中对蹴鞠场面的描写，了解我国的蹴鞠文化，创编足球儿歌或进行片段练习。

二、活动目标

1.观看蹴鞠介绍视频，对古代蹴鞠能有直观的感受，架构起蹴鞠与足球的联系。

2.欣赏古诗词中对蹴鞠场面的描写，感受蹴鞠时的热闹非凡，知道在古代，蹴鞠是一项受欢迎的体育活动，从而对蹴鞠产生兴趣，对足球产生兴趣。

3.在实物展示中，结合世界杯赛事片段欣赏，创编足球儿歌或进行片段练习。

三、全纳设计

层级	具体说明
★	看视频，了解中国的蹴鞠文化。
★★	欣赏古诗词，感受蹴鞠热闹的场面。
★★★	创编足球儿歌或进行片段练习。

★看视频，了解中国的蹴鞠文化。

交流：蹴鞠的制作、蹴鞠的游戏规则、蹴鞠的一些有趣的动作等。

★★欣赏古诗词，感受蹴鞠热闹的场面。

蹴鞠场边万人看，秋千旗下一春忙。——陆游《晚春感怀》

蹴鞠当场二月天，仙风吹下两婵娟。——钱福《蹴鞠》

春来芳草正斜阳，绿荫骄儿蹴鞠忙。

蹴鞠屡过飞鸟上，秋千竞出垂杨里。——王维《寒食城东即事》

★★★创编足球儿歌

1. 出示足球实物，仔细观察足球的外形特点。

2. 观看世界杯片段，感受足球竞赛的激烈，为后续的创编足球儿歌做好铺垫。

3.欣赏优秀作品，全班进行品析，也为学生提供创编思路。

四、活动建议

1. 组织方法：以4~6人为一组展开活动，通过观看视频和实物展示，了解中国的足球文化。尤其是第二板块，古诗词对学生来说，理解起来有点困难，可以让学生选择其中几句，进行小组合作讨论交流，发挥集体的力量，进行互相启发。

2. 能力实施：观看关于蹴鞠的视频，进行交流讨论是简单的搜索信息的能力，属于思维较低的层级。欣赏蹴鞠的相关诗歌就需要学生调动已有的知识，对诗句进行理解。而创编足球儿歌或进行片段练习，是挑战学生的创造力，是思维的最高层级，对学生来说也最有难度。

3. 活动准备：

教师：视频素材、课件、足球，创编书写纸。

学生：通过各种途径了解中国的足球文化。

足球小将

一、活动意图

团队精神是足球的灵魂，是足球的精髓所在。在本次活动中，足球小将们以团队合作的形式，结合《足球之变》等活动当中的足球元素装扮教室，把教室布置得整洁、美观、有品位。通过这一实践活动，体会合作共创、责任奉献、团结互助，激发主人翁精神，感受自身在活动中的进步和成长。

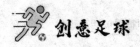

二、活动目标

1. 通过装扮教室的实践活动，把教室布置得美观、科学、有品位。

2. 通过交流、布置、评价等体验活动，感悟美化教室带来的成长体验。

3. 通过动手美化、成果展示，培养合作共创、责任奉献、团结互助的精神，进一步激发热爱班级的情感。

三、全纳设计

层级		具体说明
★	我们一起来设计	小组讨论,对班级进行分区域的设计。
★★	大家一起来动手	分工合作,动手美化,体会可喜的变化。
★★★	集体成果来展示	展示成果,互相评价,懂得感激和珍惜。

★我们一起来设计

1. 明确教室需要进行美化的区域：公告栏、展示栏、评比栏。

2. 分小组讨论：

（1）各组为装扮班级做前期设计，确立意向。

（2）竞选"金点子"设计。（学生分组拿出各自的设计，小组派代表讲明设计意图，经全体同学举手表决，得票多的就是"金点子"设计。）

★★大家一起来动手

1. 准备好装饰的物品，如《足球之变》中制作的六边形足球等。

2. 学生拿出课前准备的装饰物品开始打扮教室，教师提供必要的帮助与指导，鼓励动手能力弱的学生积极参与，引导学生体验共同努力的感受，及时肯定表扬，激发学生参与的主动性。

★★★集体成果来展示

1. 参观、欣赏各区域的装扮成果，谈谈自己的感受。

2. 填写评价表。用画画或照片的形式记录令自己印象最深刻的装扮成果。

四、活动建议

1. 组织方法：以4~6人为一组展开活动，运用足球元素对公告栏、展示栏、评比栏进行布置。学生在分小组装扮教室时，教师可引导将准备的物品进行共享，这样不仅让每个孩子在共同活动中乐于交流、尝试合作，也让班级的美化风格更统一。

2. 能力实施：在用足球元素装扮教室的过程中，体验足球的多元化所带来的惊喜。分组分区域装扮教室时，孩子们的主人翁精神被激发，合作意识进一步加强。在成果展示的过程中，体会亲手美化教室的成功感，通过互评学会欣赏和感激，进一步激发孩子们爱惜班级环境的情感。

3. 评价：

足球小将会装扮　　　　　班级_____　姓名_____	
实践内容：装扮教室	成 果 展 示 照 片
评价标准：	
3星优秀，2星良好，1星合格。	
★小组讨论会倾听、会表达	
★装饰物品准备充分、愿意分享	
★动手合作乐参与、乐欣赏	
自己评：_____★	
小组评：_____★	
老师评：_____★	

4. 活动准备：

场地：教室，按4~6人小组摆放桌椅。

教师：课件，评价表。

学生：足球元素的装饰品，剪刀，胶带，图钉。

足球计分

一、活动意图

通过进球位置的判断，引导学生了解足球比赛中的计分判罚与计分规则。通过对实际比赛情境的现状掌握，进行计分规则的实际应用。

二、活动目标

1. 运用简单的教具，认识了解进球位置与计分规则。

2. 会计算进球积分，会根据积分进行排名，培养学生合作意识，体验运动的乐趣。

3. 通过评价实际比赛情境，熟练掌握计分规则。

三、全纳设计

层 级	具 体 说 明
★	了解进球位置与计分规则
★★	会计算进球积分,会根据积分进行排名
★★★	评价实际比赛情境,熟练掌握计分规则

四、活动过程

1. 组织方法：

（1）认识了解参赛人数、比赛装备及比赛规定时间。

①人数：

每场比赛应有两队参加，每队上场队员不得少于7人且多于11人，其中必须有一名守门员，每队最多可替补3名队员。七（八）人制比赛上场队员不得少于5人和多于7（8）人。（配以图片说明）

②装备：

相同的运动上衣、短裤、护袜，还有配备足球鞋与护腿板。守门员服装颜色必须有别与其他队员。（配以图片说明）

③比赛时间：

分为上、下两个半场，每半场45分钟。中场休息不得超过15分钟。如有加时赛，每半场各15分钟，中间不休息。七（八）人制比赛时间上、下半场各30分钟。中场休息不得超过10分钟。

（2）认识进球得分规则

通过观察球门初步了解进球规则——当球的整体从球门柱间及横梁下越过球门线，而此前未违反竞赛规则，即为进球得分。

准备好足球门框板贴和足球模型板贴，教师任意将足球模型板贴贴于某处，让学生判断是否进球。

（3）规定胜负形式：在比赛中进球数较多的队为胜者。如两队进球数相等或均未进球，则比赛为平局。金球制和踢球点球决胜是根据竞赛规程的要求，当比赛打平后需要决出胜队时采用的方法。

（4）认识金球制：

在规定比赛时间结束后进行的加时赛中，先进球的一方即为胜方。如加时赛中双方均无进球，则互踢球点球决出胜方。

（5）认识点球决胜：

裁判员选定用于踢球点球的球门；

采用投币方式，猜中的一方先踢；

裁判员对踢球点球做记录；

两队应各踢5次；

双方轮流踢；

每次应由不同的队员踢球点球；

除踢球点球的队员和两名守门员外，其他所有队员必须在中圈内；

踢球点球队员一方的守门员必须在罚球区以外的球门线与罚球区线交汇处的比赛场地上。

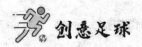

2. 能力实施:

在实际的比赛情境中,观察足球队的比赛情况,并给出相应的判罚、算出积分与给出排名结果。在此过程中,培养学生分析、评价等高阶思维能力,体验足球运动的乐趣。

3. 评价:

给自己打个☆吧!

评 价	评 价 内 容	评价等级		
		★	★★	★★★
个人能力	★ ★★ ★★★			
多元技能	★在同伴帮助下算出每个队的积分。 ★★看积分说明可以算出每个队的积分。 ★★独立算出每个队的积分。			
交往能力	★帮助一位同学算出每个队的积分。 ★★帮助两位同学算出每个队的积分。 ★★★帮助三位以上同学算出每个队的积分。			
创新能力	★模仿教师给出的一种进球弧线与角度。 ★★绘制进球弧线时在范例的基础上有所变化。 ★★创作进球的弧线与角度独一无二。			

五、活动准备

场地:教室,按4~6人小组摆放桌椅。

材料:球门模型板贴、足球模型板贴、足球比赛视频。

教师:白纸,课件,评价表。

学生:直尺,铅笔,彩笔(水彩笔)。

足多面体

一、活动意图

用空心塑料管和连接支架，搭成五边形和六边形，将五边形和六边形以一定的形式连接成一个近似于足球形的多面体。通过足球形多面体的拼搭过程，思考球形的整体结构，感受足球形状的发展过程，动手又动脑，乐趣无穷。

二、活动目标

1. 用空心塑料管和连接支架，会拼搭出简单的五边形和六边形。

2. 在尝试用五边形和六边形连接成球形的过程中，感受球形的结构和坚韧性。

3. 经历初步设计——尝试拼搭——发现问题——改进设计——再挑战的过程，锻炼动手能力，提升思维、收获自信。

三、全纳设计

层 级	具 体 说 明
★	用短空心塑料管和连接支架拼搭五边形和六边形。
★★	将五边形和六边形连接成类似球形结构。
★★★	不断改进,拼搭成最坚固的球形,锻炼动手能力和思维。

★短空心塑料管和连接支架拼搭五边形和六边形。

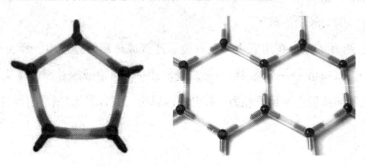

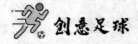

★★将五边形和六边形连接成类似球形结构。

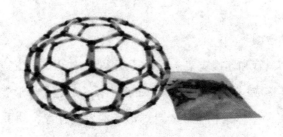

★★★不断改进，拼搭成最坚固的球形，发展能力和思维。

四、活动建议

1. 组织方法：适合高年级进行，以2~4人为一组展开活动，在明确要求的情况下自主设计并挑战球形拼搭。组内设计及动手能力较强的孩子可以帮助或提示能力较弱的孩子。

2. 能力实施：在用五边形和六边形连接成球形的过程中，经历初步设计——尝试拼搭——发现问题——改进设计——再挑战的过程，提升设计能力、动手实践能力及反思能力，提升空间思维、设计思维并收获自信。

3. 评价：

给自己打个☆吧！

评 价	评 价 内 容	评价等级		
		★	★★	★★★
设计能力	★在同伴帮助下完成了球形的结构设计。 ★★在同伴的提示下完成了球形的结构设计。 ★★★独立完成了球形的结构设计。			
动手能力	★拼搭出了一个封闭的形状。 ★★拼搭出了一个近似于球形的结构。 ★★★拼搭出了最完美的球形结构。			
交往能力	★给一位同学提供了自己的设计及拼搭建议。 ★★给两位同学提供了自己的设计及拼搭建议。 ★★★给三位以上的同学提供了自己的设计及拼搭建议。			
反思能力	★遇到问题时会寻求帮助。 ★★遇到问题时会独立反思。 ★★★遇到问题时会独立反思并成功改进,对作品进行设计说明。			

4. 活动准备：

场地：教室，按2~4小组摆放桌椅

材料：短空心塑料管和连接支架

教师：视频、课件、评价表

学生：直尺，剪刀，彩笔（水彩笔）

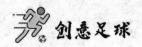

足球英语

一、活动意图

通过本次活动，让学生能够了解与足球比赛、世界杯有关的一些简单的英语单词以及相关的比赛规则。

二、活动目标

1. 学生能够听懂，理解，会说一些关于足球的英语单词。

2. 学生能够简单了解世界杯的历史和规则。

3. 学生能够用英语简单地介绍自己喜欢的足球明星。

三、全纳设计

层 级	具 体 说 明
★	听懂、理解，会说关于足球的单词。
★★	简单了解世界杯的历史和规则。
★★★	用简单的英语介绍自己喜欢的足球明星。

★听懂，理解，会说关于足球的单词。

有关足球的单词：

足球：football；（美国）足球：soccer；世界杯：World Cup；

足球运动员：football player；守门员：goalkeeper；

射门：shoot；传球：pass the ball；红牌：red card；

黄牌：yellow card；开球：kick off；加时赛：extra period；

★★了解世界杯的历史和规则。

FIFA World Cup, the World (World Cup, FIFA World Cup, the World football championships) is the highest level in the World of football, and the Olympic Games. Held every four years, any FIFA (FIFA) member (area) can be dispatched teams, and participated in the World Cup qualifier at mainly divided into two stages and finals.

★★★聊一聊自己喜欢的足球明星。

Cristiano Ronaldo, born on February 5th 1985, a Portuguese footballer who plays as a winger or striker for Spanish club Real Madrid and the captain of the Portuguese national team.

荣誉成就：

2008世界足球先生

2008、2013、2014金球奖

2008、2013、2014欧冠最佳射手

2008、2011、2014欧洲金靴奖

四、活动建议

1. 组织方法：通过观看视频和图片帮助学生了解足球，学习有关足球的单词。组织学生小组合作，互相交流自己知道的足球规则和喜爱的足球明星。

2. 能力实施：在学习和交流的过程中拓宽学生的视野，丰富英语课外单词，同时组内喜爱足球的学生可以向同伴介绍足球知识，提高表达自信，培养团队合作与交流的能力。

3. 评价：

给自己打个★吧！

评 价	评价内容	评价等级		
		★	★★	★★★
个人能力	★能说出与足球有关的1~2个英文单词。			
	★★能说出与足球有关的3~4个英文单词或短语。			
	★★★能说出与足球有关的句子。			

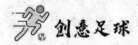

评 价	评 价 内 容	评价等级		
		★	★★	★★★
交往能力	★能和同学交流2~3个足球英语单词。 ★★能和同学用英文交流1条足球规则。 ★★★能和同学用简单的英语分享1位足球明星。			

4. 活动准备：

场地：教室，按4~6人小组摆放桌椅

教师：课件，评价表

学生：搜集足球相关的资料

"申办"世界杯

一、活动意图

通过对世界杯主办权的模拟申办，感受足球的乐趣与魅力，提升英语水平，并通过申办了解各国足球文化，开拓国际视野。

二、活动目标

1. 通过模拟申办世界杯及足球知识讲解和英语学习环节，加深孩子对世界杯比赛和足球文化的了解。

2. 在学习过程中，融入英文词汇与语句知识，以新颖、有趣的学习方式帮助孩子提升英文词汇量及口语表达能力。

3. 将美好品格教学嵌入活动中，让孩子在学英语、玩游戏的过程中，潜移默化地塑造那些在世界杯赛场上由各国球员体现出的美好品格，例如"协作（Collaboration）""勇气（Courage）""责任（Responsibility）"和"韧性（Resilience）"等。

三、全纳设计（Contents）

层　级	具 体 说 明
★	能理解世界杯的文化、历史等。
★★	能对世界杯提出自己的观点或看法。
★★★	能作为竞选国进行讲演，并对提出的问题合理阐述。

★ 理解世界杯的文化、历史

1. 简单介绍世界杯（Brief introduction）

One/Brief introduction

The World Cup, two international football competitions, one for men and one for women, each held every four years The men s World cup is considered the most popular sporting event in the world.

In1930, when the Uruguay hosted the first World Cup, therewere only 13 teams. Today more than 200 countries participated in World Cup qualification. The wonderful sport will be continue forever.

2. 讲述世界杯承办历史（Holding history）

Two/Holding history

届次	赛事名称	举办地点	举办时间
第1届	1930年乌拉圭世界杯	乌拉圭	1930年07月13日-1930年07月30日
第2届	1934年意大利世界杯	意大利	1934年05月27日-1934年06月10日
第3届	1938年法国世界杯	法国	1938年06月04日-1938年06月19日
第4届	1950年巴西世界杯	巴西	1950年06月24日-1950年07月16日
第5届	1954年瑞士世界杯	瑞士	1954年06月16日-1954年07月04日
第6届	1958年瑞典世界杯	瑞典	1958年06月08日-1958年06月29日
第7届	1962年智利世界杯	智利	1962年05月30日-1962年06月17日
第8届	1966年英格兰世界杯	英格兰	1966年07月11日-1966年07月30日
第9届	1970年墨西哥世界杯	墨西哥	1970年05月31日-1970年06月21日
第10届	1974年西德世界杯	西德	1974年06月13日-1974年07月07日
第11届	1978年阿根廷世界杯	阿根廷	1978年06月01日-1978年06月25日
第12届	1982年西班牙世界杯	西班牙	1982年06月13日-1982年07月11日
第13届	1986年墨西哥世界杯	墨西哥	1986年05月31日-1986年06月29日
第14届	1990年意大利世界杯	意大利	1990年06月08日-1990年07月08日
第15届	1994年美国世界杯	美国	1994年06月17日-1994年07月17日
第16届	1998年法国世界杯	法国	1998年06月10日-1998年07月12日
第17届	2002年韩日世界杯	韩国日本	2002年05月31日-2002年06月30日
第18届	2006年德国世界杯	德国	2006年06月09日-2006年07月09日
第19届	2010年南非世界杯	南非	2010年06月11日-2010年07月11日
第20届	2014年巴西世界杯	巴西	2014年06月12日-2014年07月13日

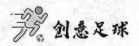
As of today, the World Cup held a total of 21 sessions.This table summarizes the championships of the 20 World Cups. We can see that Brazil is the country with the highest number of titles.

国家	冠军次数	年份
巴西	5	1958,1962,1970,1994,2002
德国	4	1954,1974,1990,2014
意大利	4	1934,1938,1982,2006
阿根廷	2	1978,1986
乌拉圭	2	1930,1950
法国	1	1998
英格兰	1	1966
西班牙	1	2010

3.欣赏世界杯主题曲（Theme song）

Three/Theme song

1998：Do you mind if I play （我是否可以踢球呢）

2002：Anthem （足球圣曲）

2006：Hips Don't Lie Bamboo （竹林乱摇摆）

2010：This time for Africa

2014：We Are One （万众一心）

2018：Live It Up （放飞自我）

4. 介绍一些足球明星（Football star）

★★能对世界杯提出自己的观点或看法

在学习基础上，结合自己的兴趣及前期搜集的相关资料，提出自己的看法或观点，表述自己的喜好等。

★★★能作为竞选国进行讲演，并对提出的问题合理阐述

各"代表国"用英语陈述申办理由。本环节，孩子们需要提前搜集自己"代表国"的相关足球文化资料，完成申办讲演稿的准备，对自己"代表国"的申办意愿、软硬件条件等进行陈述。

四、活动建议

1. 组织方法：可以按自己喜欢的国家进行分组，同一组中不同程度的学生共同搜集资料，各自完成不同程度任务。

2. 能力实施：在世界杯文化的学习中，感受到此项赛事的意义和各国的文化。在表述自己看法中，开发孩子思维，提升孩子的语言表达能力。在作为"代表国"竞选中，培养他们的使命感和责任感，同时在答辩中培养孩

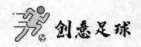

子的逻辑思维能力和语言组织能力。

3. 评价：

给自己打个☆吧！

评 价	评 价 内 容	评价等级		
		★	★★	★★★
个人能力	★ ★★ ★★★			
信息搜集能力	★能在同伴或家长的帮助下进行资料的搜集。 ★★能独立进行资料的搜集。 ★★★能独立搜集资料,并进行一定的概括提炼。			
交际能力	★能对一个代表国进行提问。 ★★能对两个代表国进行提问。 ★★★能对三个以上代表国进行提问。			
语言思维能力	★能认真倾听老师介绍和同学发言。 ★★能对学习内容产生自己的想法和观点。 ★★★能清楚表达自己的观点,并对他人的发言产生自己的思考。			

4. 活动准备：

场地：教室，按"代表国家"分小组摆放桌椅。

教师：课件，世界杯视频，主题曲音频，评价表

学生：资料，讲演稿

第二节 室外创意足球活动

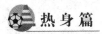 **热身篇**

赶 小 猪

一、活动意图

在足球比赛中，运球与运球过人是运动员个人控球能力和个人进攻能力的集中体现。本活动旨在从游戏中体验到足球运动的快乐，提高反应速度、起跑速度和身体协调性，增强脚下控球能力，在锻炼中培养团队合作意识和竞争意识。

二、活动目标

1. 在活动中了解各种方式的足球运球并能准确识别区分。

2. 学习和练习中掌握脚的不同部位的运球方式并能灵活转换。

3. 通过小组合作，提高自信心和参与热情，遇到困难时保持积极乐观的情绪。

三、全纳设计

层级	具体说明
★	用自己的方式直线赶球。
★★	设置障碍曲线赶球。
★★★	用指定动作赶球。

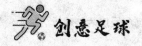

★用自己的方式直线赶球。

分小组进行直线迎面运球接力，用自己最擅长的动作进行运球接力，比一比哪个小组完成得最快。

★★设置障碍曲线赶球。

分小组进行运球接力，运球路线上设置障碍物引导曲线运球行进，用自己最擅长的动作进行运球接力，比一比哪个小组完成得最快。

★★★用指定动作赶球。

分小组进行运球接力，行进路线直线或曲线，要求为脚内侧、脚背内侧、正脚背、脚背外侧等运球动作进行，比一比哪个小组完成得最快。

四、活动建议

1. 活动内容：两人一球，迎面10m站立，听哨声指令，有球的同学同时直线向前，赶球到对面，把球交给自己的伙伴，看哪组最先完成一个来回。赶球方式要根据教师的要求进行。球控制不住或影响其他人的同学活动暂停一次。

2. 组织方法：

（1）整体练习，进行比赛。

（2）分小组自主练习，可2人或多人，进行接力比赛。

（3）分区域练习，进行组间比赛。

提问：练习中怎样做才能让自己的失误更少？

3. 能力实施：在学习中用指定动作运球和用自己擅长的动作运球，体现出个人能力和多元技能。运球接力活动中体现出合作能力，在设置障碍的运球接力中考验了团队合作能力，提升团队竞争能力。个人或小组遇到失败时，能积极调整心态，保持乐观的情绪，争取有新的突破。

4. 活动评价:

评价指标	评价内容	评价等级		
		★	★★	★★★
个人能力	★个人能做出正确的判断。 ★★自己能自主学习。 ★★★自己能担当引领者,组织大家一起学习。			
多元技能	★熟练掌握自己最擅长的运球动作。 ★★规定的时间内用自己最擅长的动作完成练习。 ★★★规定的时间内用指定动作完成练习。			
交往能力	★学习中有困难能主动寻求帮助。 ★★学习中同学有困难能主动帮助。 ★★★团体学习中能主动相互帮助。			

5. 活动准备:

10分钟,足球场、标志桶、分队服、足球。

亲　友　团

一、设计意图

在足球比赛中,扮演运动员、啦啦队队员、志愿者等角色,培养团队精神及乐于为团队奉献的精神,增强团队的凝聚力。

二、活动目标

1. 了解足球赛中人员分工,包括守门员、后卫、中场、前锋四大位置的具体任务。了解足球比赛的相关规则。

2. 每位学生都能参与到足球比赛中,可以是足球运动员、足球裁判以及啦啦队队员等,展示自己最擅长的技能。

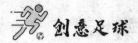

3. 在足球比赛中感受团队的重要性，乐于奉献自己的力量。

三、全纳设计

层　级	具　体　说　明
★	参与足球赛活动。
★★	参与足球赛活动，能为自己的队伍贡献一份力。
★★★	参与足球赛活动，为自己的队伍做出突出贡献。

★扮演运动员、志愿者、啦啦队队员等角色。

★★在参与足球比赛的过程中，能为自己的队伍贡献自己的一份力，包括后勤服务、啦啦队加油等各方面。

★★★在参与足球比赛的过程中，能为自己的队伍贡献自己的力量，包括后勤服务、啦啦队加油等各方面，并且在整个过程中充满团队精神和正能量。

四、活动建议

1. 活动内容：班级对抗赛。

2. 组织方法：班级根据学生的特长各派出5名运动员、3名通讯员、5名志愿者以及若干名啦啦队队员。比赛上半场和下半场各20分钟，全场40分钟。

3. 能力实施：每位学生都有自己的任务，可以在各自的工作领域发挥展示才能。赛场上的运动员积极展示个人的足球技能，与同伴默契配合，有勇于拼搏的精神。啦啦队队员可以根据自己的创造能力设计各种海报和不同加油方式为队伍助威。志愿者在服务他人的同时也锻炼了自己的实践能力。通讯员在与观众互动和播报通讯稿的时候，提高了自己的交流和表达能力。

4. 活动评价：

评价	评价内容	评价等级		
		★	★★	★★★
个人能力	★积极参与活动。 ★★参与活动，能团结集体。 ★★★参与活动，为集体贡献自己的力量。			
多元技能	★活动中能为集体做一件有意义的小事。 ★★活动中能为集体做若干件有意义的事。 ★★★活动中贡献突出。			
交往合作	★能在他人组织下参与活动。 ★★能主动参与活动。 ★★★在交往中起到组织与领导的作用。			
创新能力	★能在他人组织下积极参与活动。 ★★能在团队中提出个人建议。 ★★★在团队中提出的建议被采纳，或者在团队中起到主导作用。			

5. 活动准备：

适合五人制的安全足球场、足球1个、话筒及音箱1套。

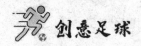

线上充电

一、活动意图

游戏中通过对球的控制来培养学生的球感，通过运用信号引导学生进行动作来增强学生的快速反应能力，并加入分组自创的环节培养学生的创新能力。

二、活动目标

1. 学生清楚了解"线上充电"的游戏规则。

2. 大部分学生可以抵达正确的边线做相应的动作，少部分学生可以快速反应并抵达正确的边线做相应的动作，极少部分学生可以快速反应并抵达正确的边线做出全部动作。

3. 学生可以积极参与每项活动。

三、全纳设计

星级	要　求
★	到达任意的边线。
★★	听到信号后快速反应到达指定的边线。
★★★	听到信号后快速反应到达指定的边线并能完成至少一种动作。
★★★★	听到信号后快速反应到达指定的边线并能完成所有要求的动作。

★学生按照教师发出的指令（语言/哨声/手势/其他），完成相应的动作（抱球/拍球/带球）到达教师指定的边线。

★★学生在听到教师信号后快速反应，并按教师的要求到达指定的边线。

★★★学生在听到教师信号（语言/哨声/手势/其他）后，按教师的要求（抱球/拍球/带球）快速反应到达指定的边线，并能在边线完成至少一种动作

（踩球10下/左右脚拨球10下/累计颠球3次/其他）。

★★★学生在听到教师信号（语言/哨声/手势/其他）后，按教师的要求（抱球/拍球/带球）快速反应到达指定的边线，并能在边线完成所有要求的动作（踩球10下/左右脚拨球10下/累计颠球3次/其他）。

四、活动建议

1. 活动规则：学生每人一球，在规定场地内自由移动（持球走路/慢跑/带球跑）。听到信号（语言/哨声/手势/其他）后，（抱球/拍球/带球）快速到达（任意/指定）一条边线，根据教练指令做出相应的动作（踩球10下/左右脚拨球10下/累计颠球3次/其他）。

2. 组织方法：

（1）由易到难，从无球到有球，从走到跑，从任意到指定，从单个指令到多个指令。

（2）3~4人一小组，自创动作，要求小组统一。

3. 能力实施：游戏用信号引导学生的方式帮助学生提高反应能力，用多种在边线的活动方式来培养球感，并让学生在小组合作中学会交流和创新。

4. 活动评价：

评价指标	评 价 内 容	评价等级		
		★	★★	★★★
个人能力	★能够跟随教师进行活动。 ★★能够主动参与活动。 ★★★能够和小组一起进行活动。			
多元技能	★能快速反应到达指定边线。 ★★能在边线完成一种动作。 ★★★能自己创新到达边线的方式和需要完成的动作。			

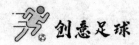

评价指标	评价内容	评价等级		
		★	★★	★★★
交往能力	★能够在小组讨论时倾听同学发言。 ★★能够在小组讨论中发表自己的观点。 ★★★能够在小组合作中给别人提供帮助。			
创新能力	★能自己创新到达边线的方式。 ★★能自己创新在边线需要完成的动作。 ★★★能自己创新到达边线的方式和需要完成的动作。			

5. 活动准备：

①场地：全场。

②器材：标志桶、分队服、球。

资源有限

一、活动意图

通过引导吸引学生的注意力，运用口令来训练学生的反应速度，要求学生在争抢球时把球控制住，增强学生的球感。

二、活动目标

1. 学生可以清楚了解游戏的规则与变化。

2. 大部分学生可以在人数和球数相等的情况下用脚将球控制住，少部分学生可以在球比人少的情况下用手控制球，极少部分学生可以在球比人少的情况下用脚控制球。

3. 学生可以积极参与每项活动。

三、全纳设计

星　级	要　求
★	可以转身跑并用手触碰到足球。
★★	可以转身跑并用手拿起足球。
★★★	可以转身跑并用脚触碰到足球。
★★★★	可以转身跑并用脚将足球带回起点。
★★★★★	可以在有对抗的情况下转身跑并用手争抢到足球。
★★★★★★	可以在有对抗的情况下转身跑并用脚争抢到足球。

★学生听到教师信号后，做到快速转身跑并用手触碰到足球。

★★学生听到教师信号后，做到快速转身跑并用手拿起足球。

★★★学生听到教师信号后，做到快速转身跑并用脚触碰足球。

★★★★学生听到教师信号后，做到快速转身跑并用脚将球带回起点。

★★★★★在球比人数少的情况下，在听到信号后快速转身跑用手争抢到足球。

★★★★★★在球比人数少的情况下，在听到信号后快速转身跑用脚争抢到足球。

四、活动建议

1. 活动规则：所有学生站成一个直径约20m的圆圈，并在圆圈外面一定距离（10m/20m/30m/其他）摆放足球。全体学生面向圆心，听教师口令用指定方式移动（转身跑/后退跑/单脚跳/其他），用指定部位（手控制/脚控制）争抢足球，并控制住足球（手最先接触到球/脚控球达到3秒/脚控球回到起点）获胜。教师可根据情况控制球的数量。

2. 组织方法：

（1）练习方式由先用手到再用脚，先控制住球到将球带回起点，从人数和球个数一样多到慢慢减少球的个数。

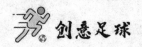

（2）可增加准备或跑动的方式，比如准备时蹲下、坐下，跑动时进行往返跑、后退跑、侧滑步等。

（3）可分组讨论：用什么部位运球可以将球带得更快并控制在脚下？

3. 能力实施：运用口令来提示学生，学生的反应速度可以得到锻炼，运用不同的方式控球并由易到难进行练习能够让学生逐步适应并提高他们的控球能力，在互相对抗的过程中可以增强沟通能力。

4. 活动评价：

评价指标	评 价 内 容	评价等级		
		★	★★	★★★
个人能力	★能够跟随教师进行活动。 ★★能够主动参与活动。 ★★★能够和小组一起进行活动。			
多元技能	★每人一个球的情况下，可以转身跑并用要求的部位（手/脚）触球。 ★★在球比人数少的情况下，可以转身跑并用要求的部位（手/脚）争抢球。 ★★★在球比人数少且距离较远的情况下，可以转身跑并用要求的部位（手/脚）争抢球。			
交往能力	★倾听同伴发言。 ★★提出自己的意见。 ★★★给同伴提出建议。			

5. 活动准备：

①场地：全场。

②器材：球、分队服。

超级模仿秀

一、设计意图

足球模仿秀融合了各种足球相关内容的展示，从各方面发掘学生的创作和表演能力，也从中学习到更多足球的相关知识，让学生更乐意投入足球运动中。

二、活动目标

1. 学生在足球模仿秀中了解足球的相关知识。

2. 学生积极模仿足球技能，从模仿到初步掌握所模仿的足球技能。

3. 在个人模仿中勇于展示自我，在团队模仿中积极配合，探索积极向上的足球模仿动作。

三、全纳设计

层 级	具 体 说 明
★	参与活动。
★★	自愿参与且有展示。
★★★	模仿秀动作有创意。

★参与活动。

能在同伴带领下，参加足球模仿秀活动，模仿一些简单的动作。

★★自愿参与且有展示。

自愿参与足球模仿秀活动，能模仿一些简单动作并且有展示。

★★★模仿秀动作有创意。

自愿参与足球模仿秀，且展示的动作有创意，与众不同。

1. ★参与街头足球模仿秀相关活动

每位学生都可以在足球模仿秀活动中找到适合自我发展的岗位。

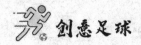

2. ★★参与街头足球模仿秀

积极参与街头足球模仿秀。

3. ★★★街头足球模仿秀有创意

通过自我以及团队的创新，展示的街头足球模仿秀富有创意，有特色。

四、活动建议

1. 活动内容：模仿足球运动员的比赛过程中的动作、进球后的庆祝动作，向观众展示自己的模仿能力。

2. 组织方法：在根据视频或海报的赏析后，有序地组织学生进行模仿秀展示。评委根据学生的模仿秀动作进行打分。足球模仿秀可以安排个人展示，也可以以团队的形式进行展示，利用道具、音乐背景增加模仿效果的可以加分。

3. 能力实施：参加模仿秀的每位学生在个人模仿能力上能得到提升。能与同伴进行团队模仿秀的同学在发展个人能力的同时也提升了社交能力。能在模仿的动作中融合音乐、道具，模仿动作与众不同的学生在创造能力上得到了锻炼。整个模仿秀活动锻炼了学生敢于展示自己和表达自己的胆识。

4. 活动评价：

评 价	评 价 内 容	评价等级		
		★	★★	★★★
个人能力	★参与模仿秀活动。 ★★参与模仿秀活动且有展示。 ★★★参与模仿秀活动且有创意。			
多元技能	★积极参与活动。 ★★积极准备模仿秀，在模仿秀上勇于展示自我。 ★★★模仿秀上表现突出、有创意。			

续表

评　价	评　价　内　容	评价等级		
		★	★★	★★★
交往合作	★能积极参与活动。 ★★在模仿秀中遇到困难主动寻求帮助。 ★★★在模仿秀中不仅可以把自己的事情做好，还可以帮助他人，给他人提供建议和意见。			
创新能力	★能在他人组织下积极参与活动。 ★★模仿的动作有创意。 ★★★模仿的动作有创意且受到好评。			

5. 活动准备：

①准备时间：40分钟。

②准备内容：评委、模仿秀海报和视频、评分表。

决战指尖

一、活动意图

用手指秀起足球，提高学生对足球的兴趣，在进行手指足球学习以及比赛过程中了解更多的足球比赛规则。

二、活动目标

1. 基本了解足球比赛规则以及基本的足球知识。

2. 用手指完成运球、停球、传球、射门等一系列足球动作，提高手指灵活度。

3. 在手指足球比赛中，促进同学之间的相互合作，提高团结意识。

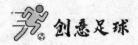

三、全纳设计

星级	内容	详案
★	手指灵活 创意运球	1. 手指交替向前向后跑动(手指灵活度训练)。 2. 手指足球运球,寻找球与手指之间的感觉。 3. 创新手指运球。 4. ……
★★	运球过杆射门	1. 手指足球相互传球(原地传球、行进间传球)。 2. 明星脚法模仿秀(创新脚法)。 3. 射门练习,守门员筛选培训。 4. 运球射门连贯动作。 5. ……
★★★	恒星联赛	1. 手指足球战术教学。 2. 足球规则讲解。 3. 小组队伍创建,班级联赛(小组与小组对战)。 4. 校级联赛(班级派出精英队伍进行班级之间的对战)。 5. ……

★主要以零基础的孩子为对象进行教学,教学形式以模仿练习为主,教师做,学生看并模仿。

★★学生要有一定的基础或者协调性较好,教学可多一些学生的自己设计,可由学生自由设置障碍物并手指带球过障碍,提高学生的自主思考设计以及社交能力。

★★★可采用学生自由进行组队并向其他队进行挑战,尽情地发挥学生的社交以及交流能力,教师做裁判,也可培养一部分学生做裁判。联赛可分为班内联赛、校级联赛等。

四、活动建议

1. 活动内容:40cm×60cm范围的课桌上,每组2~3人,利用灵活的手指代替双足在该范围内进行手指模拟足球练习以及比赛,两组队员之间可进行对抗，游戏规则与足球规则相同。

2. 组织方法：

（1）小组内单人练习，学习并且巩固手指运球、射门、传球等技术，提高手指的灵活度。

（2）4~6人小组自主练习对抗比赛，相互学习和分享交流。

（3）班级内小组之间举行班级联赛。

提问：（1）你能用手指做出多少种高难度的足球动作？

　　　　（2）在进行联赛的时候，怎样做才能使自己的球队变得更加强大？

3. 能力实施：在自主练习以及创新足球脚法中，增强学生的多元技能和自主学习能力，增强学生的自信心。在活动和比赛中激发学生的团队意识，提高交往能力。在手指足球中找到踢足球的自信，增强对足球的兴趣，体现了学生的个性发展。

4. 活动评价：

评价指标	评价内容	评价等级		
		★	★★	★★★
个人能力	★个人接受学习。 ★★自己能自主学习。 ★★★自己能担当引领者组织大家一起学习。			
多元技能	★模仿手指运球、射门、传球的练习动作。 ★★熟练掌握手指运球、射门、传球的练习动作。 ★★★在比赛过程中能熟练运用并转换这些动作。			
交往能力	★学习中有困难主动寻求帮助。 ★★学习中同学有困难主动帮助。 ★★★团体学习主动互帮互助。			

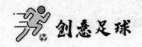

评价指标	评 价 内 容	评价等级		
		★	★★	★★★
创新能力	★有不一样的手指踢球动作的想法,并能表达出来。 ★★基本能做出自己的创新动作。 ★★★在比赛中大胆运用自己的创新动作并展示。			

5. 活动准备:

①手指足球场地(可自己制作,可网上成套购买)。

②四人或六人一组,课前分组。

③可与美术合作,在手背、手指上进行彩绘。

转 转 足 球

一、活动意图

提升学生的灵活性,增进学生对足球的喜爱之情,初步了解足球知识,促进学校课间足球活动氛围的提升。

二、活动目标

1. 基本了解足球比赛人员站位及其作用。

2. 学会转动小人踢球,能灵活转动以及调整站位。一部分同学可以进行一对一、二对二对抗。

3. 促进同学之间的相互合作,提高团结意识。

三、全纳设计

星级	内容	详案
★	三人一场戏	1. 六个人为一组,三人为一对,一人一杆进行练习。 2. 灵活防守练习、前锋远射练习、发球练习。 3. 团体桌式足球对战。 ……
★★	双双合作	1. 两人控制一侧操作杆进行合作操作。 2. 进行两人合作传球、射门练习。 3. 两人小组对战。 ……
★★★	巅峰对决	1. 一人操作一侧操作杆。 2. 脚步灵活性练习以及个人多位移动击球。 3. 一对一巅峰对决。 ……

★

用自由组团的方式进行分组，以模仿的方式让学生接触桌式足球，了解什么是桌式足球，学习怎么玩桌式足球。

★★

两人为一组，自由分组，学会分工，学会怎么与同学直接默契配合，学会传球、射门等一系列动作，增强学生对足球的喜爱。

★★★

在联赛前对比赛规则进行讲解，并且由教师对联赛的对阵表进行编排，由教师担任裁判长，为学生解除疑惑，学生按要求进行联赛。

四、活动建议

1. 活动内容：利用桌式足球的道具进行教学，根据不同学生的操作能力，通过六人一桌到四人一桌，再到两人单独操作巅峰对决的阶梯式教学，可进行组内、班内、校内比赛，以赛带练。

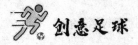

2. 组织方法：

一人一杆，练习学生操作的准确性，学习并巩固桌式足球的射门，对杆子的操作的能力。

两人多杆，相互合作，并且在组与组的对抗赛中相互学习。

一人多杆，锻炼学生的动作灵敏性，击球的准确度。

3. 能力实施：在学习中提高学生对足球的喜爱，在练习中提高同学之间的配合。在活动和比赛中激发学生的团队意识，提高交流能力，在个人比赛中提高学生对自我的信心，增强对足球的兴趣。

4. 评价方式：

评价指标	评 价 内 容	评价等级		
		★	★★	★★★
个人能力	★个人接受学习。 ★★自己能自主学习。 ★★★自己能担当引领者组织大家一起学习。			
多元技能	★与同学合作能找到合适自己的位置。 ★★两两合作时能够发挥自己的专长。 ★★★能用自己的方式去挑战同学。			
交往能力	★愿意与同学一起体验。 ★★学习中同学有困难主动帮助。 ★★★团体学习主动互帮互助。			
创新能力	★对于分工站位有不一样的想法。 ★★能和同学交流自己的分工以及操作的想法。 ★★★敢于向同学进行挑战。			

5. 活动准备：

①准备桌式足球器材。

②根据选择星级的不同，提前进行分组。

服从命令听指挥

一、活动意图

规则意识是任何活动有序开展的保障，本活动旨在提高学生参与游戏活动的积极性和团体合作意识，锻炼其在运动中的快速反应能力和观察能力。通过学习和练习激发创造性，增强身体协调性。

二、活动目标

1. 在学习中激发学生的足球运动热情，建立起服从命令听指挥的主观意识。

2. 通过学习做出快速反应并能高效模仿出指定动作。

3. 形成遵守纪律、服从指令的好习惯，在团队合作中主动发挥自己的优点。

三、全纳设计

层级	具 体 说 明
★	正口令、反口令模仿。
★★	自创动作正口令、反口令模仿。
★★★	自创动作分等级正口令、反口令模仿。

★引领者组织所有模仿者跟随各种口令动作模仿。模仿者根据指令进行正口令或者反口令模仿，比一比哪些同学反应快、模仿成功。

★★分小组并选出小组长。小组长组织组员进行自创动作学习，并根据自创动作指令带领大家一起体验正口令或反口令模仿。

★★★分小组自创动作后，总引领者根据每个小组自创动作的难易程度划分等级，组织每个小组按照由易到难的等级进行小组集体挑战。

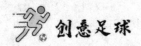

四、活动建议

1. 活动内容：在正方形场地内，教师居中，所有学生分散开，引领者做出不同的肢体动作（可附器材、可用手指表示数字、可用卡片……），模仿者根据指令进行模仿。模仿不对或出场地者做10次深蹲（蹲跳），不允许推拉或者冲撞别人。

2. 组织方法：

（1）集体练习正口令、反口令。

（2）分小组自创动作正口令、反口令练习，可2人或多人一组。

提问：（1）你怎么来提升你的专注力？眼睛、耳朵、站位……

（2）怎样做才能让自己的失误更少？

3. 能力实施：集体模仿练习中多种动作的转换学习，体现了个人能力和多元技能。每小组创建一个能力动作，按照难易程度设置能力等级，分小组逐级挑战，体现了合作能力和创造能力。小组反思失败的教训，积极调整和学习，大胆地展示自己的优点，争取有新的突破，既体现出个人的发展，又提升了团体合作能力。

4. 活动评价：

评价指标	评 价 内 容	评价等级		
		★	★★	★★★
个人能力	★个人能做出正确的判断。 ★★自己能自主学习。 ★★★自己能担当引领者组织大家一起学习。			
多元技能	★能模仿他人的动作。 ★★根据指令能准确模仿他人的动作。 ★★★根据指令能快速准确模仿他人的动作。			
交往能力	★学习中有困难主动寻求帮助。 ★★学习中同学有困难能主动帮助。 ★★★团体学习中主动相互帮助。			

续表

评价指标	评 价 内 容	评价等级		
		★	★★	★★★
创造能力	★根据要求能自创单一动作。 ★★根据要求能自创组合动作。 ★★★根据要求自创由易到难的等级动作。			

5. 活动准备：

①准备时间：10分钟。

②准备内容：足球场、分队服、器材根据需求自备。

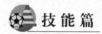 技 能 篇

我 的 主 场

一、活动意图

运球是足球技术中的一种基本技术。该游戏通过"搬运"球来锻炼学生直线运球的能力，并增加障碍物来提高学生曲线带球的能力，以小组比赛的形式来培养学生的协作精神。

二、活动目标

1. 学生清楚地了解游戏规则，并能基本了解正脚背、脚内侧和外脚背。

2. 大部分学生能用正脚背进行直线运球，少部分学生可以用其他部位进行曲线运球，极少数学生可以合理运用脚内侧和脚外侧进行曲线运球。

3. 学生可以积极参与每项活动并提高合作能力。

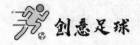

三、全纳设计

星 级	要 求
★	能用手至少运一个球回家。
★★	能用脚至少运一个球回家。
★★★	能避开家门前的障碍物将球运回家。
★★★★	使用指定脚避开家门前的障碍物将球运回家。

四、活动建议

1. 活动规则：将若干只足球放在场地中，四个角为学生的家，学生用规定的方式（手/脚）带球，每次只能带一个球，将球运进自己的家（无障碍/有障碍），看哪个组最快完成任务。

2. 组织方法：

（1）游戏的整体规则不变，更改局部的难度，带球的方式，指定带球脚，增加障碍物等。

（2）分组讨论：用什么部位运球能将球控在脚下且快速？在增加了障碍物之后，什么部位运球更好？

3. 能力实施：直线运球锻炼了学生直线运球的能力，增加障碍物的运球锻炼了学生曲线带球的能力，小组比赛的形式则培养了协作精神。

4. 活动评价：

评价指标	评 价 内 容	评 价 等 级		
		★	★★	★★★
个人能力	★能跟随教师进行活动。 ★★能自主参与到活动中。 ★★★能引领小组进行活动。			
多元技能	★能用脚运球前进。 ★★能用脚背正面运球前进。 ★★★能用脚背内侧和脚背外侧运球绕过障碍物。			

续表

评价指标	评 价 内 容	评价等级		
		★	★★	★★★
交往能力	★能够鼓励同伴。 ★★能够给予同伴建议。 ★★★能够组织小组进行讨论和练习。			
创新能力	★能尝试脚的2个部位运球。 ★★能尝试脚的3个部位运球。 ★★★能尝试脚的4个及以上部位运球。			

5. 活动准备：

①场地：小足球场地一个。

②器材：标志旗两根、绳子一根、足球若干。

足球报时

一、活动意图

游戏与生活结合，首先学生要了解和明确时钟中数字的位置，然后通过随机报数的方式提高学生思考的速度，用传接球的方式提高传接球的能力。

二、活动目标

1. 学生清楚了解游戏的规则和时钟的指针位置。

2. 大部分学生在听到自己的数字后快速反应并将球踢出，少部分学生在听到自己的数字后快速反应并将球用脚内侧踢出，极少部分学生在听到自己的数字后快速反应并将球用脚内侧准确地踢出。

3. 学生积极参与每项活动。

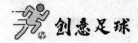

三、全纳设计

星 级	要 求
★	能在教练报出时间后快速反应并将球踢出。
★★	能在教练报出时间后快速反应并用指定的部位踢球。
★★★	能在教练报出时间后快速反应并用指定的部位踢出准确的地滚球。
★★★★	能在教练报出时间后快速反应并用指定的部位踢出准确的地滚球并接住回传球。

★在教练报出数字后，该数字的队员快速反应，将球踢出。

★★在教练报出数字后，该数字的队员快速反应，用脚内侧将球踢出。

★★★在教练报出数字后，该数字的队员快速反应，用脚内侧将球准确传到同伴脚下。

★★★★在教练报出数字后，该数字的队员快速反应，用脚内侧踢出地滚球准确传到同伴脚下，并可以接住同伴的回传球。

四、活动建议

1. 活动规则：13人一组，12人围成一个时钟，每人拿一个球，代表一个数字，教练报出时间后（如8点钟），该时间所代表的学生传球给中间的人，中间的同学再将球回传。准确完成三次后换人。

2. 组织方法：

（1）先分组、分场地进行集体练习，可在熟练后，由每组小组长带领进行练习。

（2）分组讨论：什么部位传球最准确？为什么？

3. 能力实施：游戏考验了学生的生活常识，要学生能对时钟中数字的位置很了解。教师采用随机报数的方式可以提高学生快速反应的能力，用这种趣味传接球的方式可有效提高学生传接球的能力。

4. 活动评价：

评价指标	评 价 内 容	评 价 等 级		
		★	★★	★★★
个人能力	★能完成单个报数。 ★★能连续报三个数字并完成。 ★★★能完成10以内加减法报数。			
多元技能	★能将球踢出。 ★★能将球准确传给同伴。 ★★★能将球准确且快速地传给同伴。			
交往能力	★能够参与练习。 ★★能够在练习中相互呼应。 ★★★能够给予同伴建议。			
创新能力	★敢于尝试另一个不同的部位踢球。 ★★敢于尝试两个不同的部位踢球。 ★★★敢于尝试三个及以上不同的部位 踢球。			

5. 活动准备：

①场地：半场。

②器材：标志垫、足球。

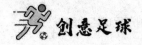

猴子运桃

一、活动意图

通过运送"桃子"的方式让学生带着兴趣投入练习中。为了提高学生的运球能力，先用手将游戏规则理解清楚，后用脚来控制足球进行游戏。

二、活动目标

1. 学生清楚了解游戏的规则并能基本了解正脚背的部位。

2. 大部分学生能用脚尝试运球，少部分学生能用正脚背触球，极少数学生能用正脚背快速运球。

3. 学生积极参与每项活动，做到互相沟通、团结协作。

三、全纳设计

星 级	要 求
★	用手至少拿一个球到自己"窝"内。
★★	用脚至少运一个球到自己"窝"内。
★★★	在脚运球时使用脚背正面触球。
★★★★	在用脚背正面运球时将球控在脚下。
★★★★★	用脚背正面将球控在脚下并快速运球。

四、活动建议

1. 活动规则：场地中间放上若干球，学生平均分配到球周围的若干"窝"中，队员站在自己的"窝"内。等哨声响后，每个"窝"中的第一位队员向场地中间的球跑去，拿到球后迅速将球运（手拿球/手拨球/脚运球/手脚并用）到自己的"窝"内，与下一位队员接力。队员尽可能多地把场地中间的球运到自己的"窝"内放稳（场中间球没有了可以去别的"窝"运球）。在规定时间内，运回"窝"中球多者为胜。

2. 组织方法：

（1）将所有队员平均分配，且每个"窝"到场地中间的距离相等。

（2）每个"窝"进行讨论并尝试：你可以用脚的几个部位运球，哪一个部位运球适合"搬运桃子"？为什么？

3. 能力实施：通过游戏培养学生对足球的兴趣，通过趣味练习和小组讨论的形式，帮助学生发挥想象力，提高学生之间的沟通能力，增强学生的自信心。

4. 活动评价：

评价指标	评价内容	评价等级		
		★	★★	★★★
个人能力	★能积极参与游戏。 ★★能跟随教师的要求完成游戏。 ★★★能在游戏中积极思考。			
多元技能	★能用手进行运球。 ★★能用脚进行运球。 ★★★能在脚背正面进行运球。			
交往能力	★能够积极参与小组讨论。 ★★能够倾听别人发言。 ★★★能在讨论中说出自己的看法。			
创新能力	★能用脚的2个部位进行运球。 ★★能用脚的3个部位进行运球。 ★★★能用脚的4个及以上部位进行运球。			

5. 活动准备：

①场地：直径10m左右的圆圈。圆圈周围分布若干个"窝"。

②器材：足球30个。

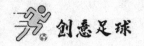

百变球门

一、活动意图

足球比赛中，为达到破门得分的效果，需要队员准确地运控球和射门。认识球门并用身体摆出各种球门造型，旨在提高学生的创造性、身体柔韧性和合作性，将球顺利踢过球门更提升了踢球的准确性。

二、活动目标

1. 在学习中认识球门和准确将球踢过球门的方法。

2. 能摆出多种球门造型。会灵活运球，准确将球踢过摆出的球门并能运用到活动和比赛中。

3. 激发学生的团体创造力，增强学生参与足球运动的积极性。

三、全纳设计

层级	具体说明
★	不限制运球方式穿越球门及比赛。
★★	限制运球方式穿越球门及比赛。
★★★	转换各种运球方式穿越球门及比赛。

★用自己最擅长的运球动作通过各种造型的球门，比一比谁完成得最快。

★★用脚内侧运球、脚背内侧运球、脚背正面运球、脚背外侧运球等，任选一种运球动作通过各种造型的球门，比一比谁完成得最快。

★★★在指定区域用指定的运球动作通过各种造型的球门，比一比谁完成得最快。

四、活动建议

1. 活动内容：20m×20m范围内，每组学生10~12人，利用身体的各种部位和姿势，摆出自己认可的球门造型，另一组学生在最短的时间通过所有球门。跑出指定区域者或故意影响他人者暂停一次活动，不允许推拉或冲撞别人。

2. 组织方法：

（1）整体进行单一或转换运球方式的练习，巩固好各个运球技能，创新出各种造型的球门。

（2）3~4人小组自主练习，相互学习和分享交流。

（3）所有小组组合练习，相互合作。

提问：（1）你能用身体做出几种球门？

（2）你在选择穿越球门的时候，有什么好方法？

3. 能力实施：在运球和踢球练习中，增强了多元技能和自主学习能力。在活动和比赛中，激发了团体创造力，增强了交往能力。学生根据各自能力的不同，都能大胆地展示自己，发展了自信心，增强了足球运动的学习兴趣，体现了学生的个性发展。

4. 活动评价：

评价指标	评 价 内 容	评价等级		
		★	★★ ★	★★ ★
个人能力	★个人能接受学习。 ★★自己能自主学习。 ★★★自己能担当引领者组织大家一起学习。			
多元技能	★能模仿这些运球练习的动作。 ★★能熟练掌握这些运球练习的动作。 ★★★能熟练掌握并快速转换这些运球的练习动作。			
交往能力	★学习中有困难主动寻求帮助。 ★★学习中同学有困难能主动帮助。 ★★★团体学习中主动相互帮助。			
创新能力	★根据要求能自创球门造型。 ★★根据要求能合作创造球门造型。 ★★★根据要求合创由易到难的球门造型。			

5. 活动准备：

①准备时间：10分钟。

②准备内容：足球场、分队服、足球。

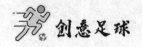

独闯龙门

一、活动意图

目标性地运、控球技术是足球比赛中快速进攻的利剑，能让进攻更高效。本活动旨在让学生学习运球、控制球以及变换方向运球技能，并通过巩固练习运用到游戏和比赛中。

二、活动目标

1. 在学习中了解运、控球技能并能简单说出应用情景。

2. 通过练习掌握运、控球技术并能灵活转换运用到活动和比赛中。

3. 养成遵守纪律、服从指令的好习惯，激发足球运动热情，敢于挑战的意志品质。

三、全纳设计

层 级	具 体 说 明
★	不限制运球方式练习及比赛。
★★	限制运球方式练习及比赛。
★★★	转换各种运球方式练习及比赛。

★用自己最擅长的运球动作把球运入球门里，比一比谁完成得最快。

★★用脚内侧运球、脚背内侧运球、脚背正面运球、脚背外侧运球等，任选一种运球动作把球运入球门里，比一比谁完成得最快。

★★★在指定区域用指定的运球动作把球运入球门里，比一比谁完成得最快。

四、活动建议

1. 活动内容：每人一球，听指令，在指定区域把球运入每一个球门，球门不能重复，最后带球返回。比较任务完成的时间。没按照指定动作或出指定区域者暂停一次活动，不允许推拉或冲撞别人。

2. 组织方法：

（1）整体进行单一或转换运球方式的练习，巩固好各个运球技能。

（2）小组自主练习各种运球技能，定时进行接力比赛。

提问：你如何以最快速度完成任务？

提示：熟练带球，跑得快，学会观察……

3. 能力实施：个人学习运球过球门，不限制运球方式，提升了学生的个人能力和多元技能。比赛中大家相互鼓励、相互帮助，体现了交往能力。彼此之间的多种运球方式的展示为大家提供了相互学习的机会，比赛后的交流和分享让大家又有了新的突破和收获。

4. 活动评价：

评价指标	评 价 内 容	评价等级				
		★	★★	★★★	★★★★	★★★★★
个人能力	★个人能接受学习。 ★★自己能自主学习。 ★★★自己能担当引领者组织大家一起学习。					
多元技能	★能模仿这些运球练习的动作。 ★★能熟练掌握这些运球练习的动作。 ★★★能熟练掌握并快速转换这些运球的练习动作。					
交往能力	★学习中有困难主动寻求帮助。 ★★学习中同学有困难能主动帮助。 ★★★团体学习中主动相互帮助。					

5. 活动准备：

①准备时间：10分钟。

②准备内容：足球场、标志桶、分队服、足球、小球门。

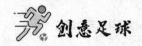

铜墙铁壁

一、活动意图

守门员的抛接球技术是基本功，比赛中应用最多。该技术的准确掌握是提升守门员自信心的保障，也是每次进攻与防守的起点和终点。本活动旨在提高守门员技术中抛接球技术的准确性，掌握守门员技术中抛接球技术的基本动作方法，锻炼不怕困难的意志品质。

二、活动目标

1. 在学习中了解抛接球技术并能说出准确抛接球的方法和要点。

2. 在练习中掌握抛接球技术并灵活运用到活动和比赛中。

3. 发展灵敏素质，锻炼不怕困难的意志品质。

三、全纳设计

层 级	具 体 说 明
★	原地和移动中双人抛接球练习和比赛。
★★	辨声转身或定时、定距双人抛接球练习和比赛。
★★★	辨声转身或定时、定距多人抛接球练习和比赛。

★2人一组，进行原地和移动中的抛接球练习，练好后进行小组间的比赛，比一比哪一组动作准确度高。

★★2人一组，进行辨声转身抛接球练习，练好后进行小组间的定时或定距比赛，比一比哪一组最先完成。

★★★多人一组，进行辨声转身抛接球练习，练好后进行小组间的定时或定距比赛，比一比哪一组最先完成。

四、活动建议

1. 活动内容：在指定区域单人抛接球、双人抛接球、多人抛接球、原地抛接球、行进间抛接球、定时和定距抛接球接力……

2. 组织方法：

（1）教师示范，组织整体无球和有球模仿练习。

（2）分组练习，小组长组织合作练习。

提问：（1）如何更好地接稳球?

　　　（2）你是如何判断球的路线和落点的?

3. 能力实施：在抛接球的学习中，提升了多元技能和自主学习能力。在游戏和比赛中需要团体合作，增强了交往能力。学生根据各自能力的不同，都能大胆地展示自己，发展了自信心，体现了学生的个性发展。学习中相互帮助，在失败中进行反思，争取有新的突破，锻炼不怕困难的意志品质。

4. 活动评价：

评价指标	评 价 内 容	评价等级		
		★	★★	★★★
个人能力	★个人能做出正确的判断。 ★★自己能自主学习。 ★★★自己能担当引领者组织大家一起学习。			
多元技能	★原地站立抛接球。 ★★行进间抛接球。 ★★★辨声转身抛接球。			
交往能力	★学习中有困难主动寻求帮助。 ★★学习中同学有困难能主动帮助。 ★★★团体学习中主动相互帮助。			

5. 活动准备：

①准备时间：10分钟。

②准备内容：足球场、分队服、足球。

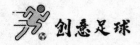

灵活小脚丫

一、活动意图

球类运动的球性是对学生初入门槛的一道关卡,良好的球性能促使学生提升赛场自信。本活动的球性学习与练习,旨在提高踩球、拉球、拨球、推球等脚的不同部位触球能力和技巧并把技术灵活转换运用到游戏和比赛中。增强规则意识和勇于挑战的品质。

二、活动目标

1. 在学习中了解踩球、拉球、拨球、推球等技能并能准确识别和区分。

2. 通过练习掌握踩球、拉球、拨球、推球等技能并能灵活转换。

3. 增强规则意识,锻炼随机应变能力和敢于挑战的意志品质。

三、全纳设计

层级	具体说明
★	踩球和拨球原地或行进间练习及比赛。
★★	拉球和推球原地或行进间练习及比赛。
★★★	踩、拉、拨、推转换定时或定距练习及比赛。

★集体在指定区域进行原地或行进间踩球、拨球练习,随后组织定时比触球次数和定距比完成时间快慢的踩球、拨球比赛。

★★集体或小组在指定区域进行原地或行进间拉球、推球练习,随后组织定时比触球次数和定距比完成时间快慢的拉球、推球比赛。

★★★分小组组织进行定时比触球次数和定距比完成时间快慢的踩、拉、拨、推转换比赛。

四、活动建议

1. 活动内容:每人一球,听指令,定时在指定区域进行踩球、拉球、拨球、推球等技术动作练习，比较触球次数或行进距离。没按照指定动作练习或出指定区域者暂停一次活动，不允许推拉或冲撞别人。

2. 组织方法：

（1）整体练习，定时或定距进行比赛。

（2）小组自主练习，定距进行接力比赛。

（3）区域练习，进行组间比赛。

提问：（1）单脚着地和双脚着地有什么变化？

　　　（2）没按照脚的正确位置触球会产生什么影响？

3. 能力实施：在学习和练习踩球、拉球、拨球、推球过程中体现了个人能力和多元技能。定时或定距比赛中，提升了随机应变能力和规则意识，在相互模仿和帮助的过程中体现出交往能力。原地球性练习、移动中球性练习、定距练习、定时练习之间的转换考验了勇于挑战的意志品质。

4. 活动评价：

评价指标	评价内容	评价等级		
		★	★★	★★★
个人能力	★个人能接受学习。 ★★自己能自主学习。 ★★★自己能担当引领者组织大家一起学习。			
多元技能	★能模仿这些球性练习的动作。 ★★能熟练掌握这些球性练习的动作。 ★★★能熟练掌握并快速转换这些球性练习的动作。			
交往能力	★学习中有困难主动寻求帮助。 ★★学习中同学有困难能主动帮助。 ★★★团体学习中主动相互帮助。			

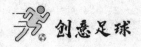

5. 活动准备：

①准备时间：10分钟。

②准备内容：足球场、标志桶、分队服、足球。

超级变变变

一、活动意图

传、接球是指运用身体的有效部位，将运行中的球有目的的传、接后控在所需位置上的动作方法，是获得球权的主要手段。本活动的开展是为了提高学生快速反应时传、接球的准确性和传、接球的实际运用能力，增强其责任感。

二、活动目标

1. 在练习中了解传、接球技术并能说出传、接球的方法和要点。

2. 通过练习掌握传、接球技术并能灵活转换运用到活动和比赛中。

3. 养成遵守纪律、服从指令的好习惯，提升随机应变能力，激发足球运动热情。

三、全纳设计

层 级	具 体 说 明
★	"同伴变"和"内圈变"练习及比赛。
★★	"同伴变"和"外圈变"练习及比赛。
★★★	"内圈变"和"外圈变"练习及比赛。

★4人一组，根据指令进行"同伴变"和"内圈变"传、接球练习，练好后进行小组间的比赛，比一比哪个小组动作最快。

★★4人一组，根据指令进行"同伴变"和"外圈变"传、接球练习，练好后进行小组间的比赛，比一比哪个小组动作最快。

★★★4人一组，根据指令进行"内圈变"和"外圈变"传、接球练习，练好后进行小组间的比赛，比一比哪个小组动作最快。

四、活动建议

1. 活动内容：每4人一大组，2人一小组，2人一球，两组4名队员站成一条直线，中间两个人背靠背，各自面对自己的队友，听到开始的哨声传球给队友，尽力做到最好。接球者要随时做好接球准备。当听到"内圈变"口令，中间两位内圈队员交换位置。脚下没球才可以移动。如果内圈队员脚下有球，请将球传给外圈的队友再动，如果这时外圈队友脚下有球，则继续保持控球状态。当听到"外圈变"口令时，两位外圈队员交换位置。换位时必须向右侧跑动。牢记不控球才可以移动。达到新位置后，开始与新队友练习传接球。当听到"同伴变"口令时，和面对面传球的队友互换位置。在对调位置的移动过程中继续传球。位置变换错误的同学做5次蛙跳后重新开始。

2. 组织方法：

（1）整体跟随教师进行无球和有球模仿练习。

（2）分小组进行无球和有球练习。

提问：（1）紧急状况下，你怎么减少传、接球失误？

（2）用脚的哪个部位传、接球会更稳？

3. 能力实施：在传、接球的学习中，提升了多元技能和自主学习能力。在游戏和比赛中需要团体合作，增强了交往能力。学生根据各自能力的不同，都能大胆地展示自己，发展了自信心，增强了足球运动的学习兴趣，体现了学生的个性发展。

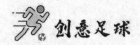

4. 活动评价：

评价指标	评 价 内 容	评价等级		
		★	★★	★★★
个人能力	★个人能接受学习。 ★★自己能自主学习。 ★★★自己能担当引领者组织大家一起学习。			
多元技能	★能模仿传、接球练习的动作。 ★★根据指令能熟练掌握传、接球练习的动作。 ★★★根据指令能熟练掌握并快速转换传、接球的练习动作。			
交往能力	★学习中有困难主动寻求帮助。 ★★学习中同学有困难能主动帮助。 ★★★团体学习中主动相互帮助。			

5. 活动准备：

①准备时间：10分钟。

②准备内容：足球场、分队服、足球。

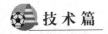 技术篇

黄金右脚

一、活动意图

通过踢准游戏，激发学生学习兴趣的同时也培养了学生踢准的能力。让学生探索哪个部位踢球最准确，并通过小组合作的方式培养学生的合作意识，增强学生的沟通能力。

二、活动目标

1. 学生清楚了解游戏的规则并能基本了解脚内侧部位。

2. 大部分学生尝试用3个及以上部位踢球，少部分学生在自己选择的部位踢中标志物得分，极少数学生连续运用自己选择的部位踢中标志物得分。

3. 学生可以积极参与每项活动，并学会思考。

三、全纳设计

星级	要　　求
★	可以将球向前踢出。
★★	可以命中任意一个1分目标。
★★★	可以命中任意一个5分目标。
★★★★	可以命中任意一个10分目标。

四、活动建议

1. 活动规则：每队在标志线后排成一列，面向3个标志桶（矿泉水瓶/仰卧起坐垫子/增加趣味性可设置卡通形象）。每位学生用脚踢球依次射向1分、5分和10分标志桶。踢倒几分的标志桶得几分，如错过目标，团队成绩清零。团队可以选择存入得分，1名队员奔向指定点记下分数，在该队员返

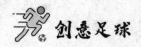

回后才能开始下一次踢球，率先达到设定分数的团队获胜。

2. 组织方法：

（1）教师分好小组，分配好场地后，统一组织开始游戏。

（2）每轮游戏结束给予小组讨论时间，以便小组针对出现的问题进行改进。

3. 能力实施：学生在游戏中探索哪个部位踢球最准确，通过小组合作的方式来得出结论，在探究的过程中培养学生的合作意识和沟通能力，在探索之后通过游戏提高学生踢准的能力。

4. 活动评价：

评价指标	评 价 内 容	评价等级		
		★	★★	★★★
个人能力	★能积极参与活动。 ★★能跟随教师的要求完成活动。 ★★★能在活动中积极思考发表观点。			
多元技能	★两米内踢倒标志桶。 ★★三米内踢倒标志桶。 ★★★五米内踢倒标志桶。			
交往能力	★能够参与小组讨论。 ★★能够倾听组员意见。 ★★★能够发表自己的看法。			
创新能力	★能尝试脚的2个部位踢球。 ★★能尝试脚的3个部位踢球。 ★★★能尝试脚的4个及以上部位踢球。			

5. 活动准备：

①场地：五人制场地半场。

②器材：足球、标志物、纸和笔。

伸缩球门

一、活动意图

足球赛中最刺激的莫过于点球大战。该游戏通过模拟踢点球营造游戏氛围，激发学生的积极性。点球大战的特质也决定了学生必须提高踢球的准确性，并让学生可以根据自己的情况自由调整练习难度。

二、活动目标

1. 学生清楚了解游戏的规则。

2. 大部分学生用脚内侧踢出球，少部分学生用脚内侧将球踢进宽度1.5米的球门，极少数学生用脚内侧将球踢进0.5米以内的球门。

3. 学生积极参与活动并根据自己的情况调整难度。

三、全纳设计

星 级	要 求
★	能够将球踢进宽度1.5米的球门。
★★	能够将球踢进宽度1米的球门。
★★★	能够将球踢进宽度0.5米的球门。

四、活动建议

1. 活动规则：用两个标志物摆成球门，球门宽度可变，球员距离球门5米（可调整），每组学生轮流射门，都通过后可提高难度，将门缩小（摆放指定标志物），继续挑战，最后比一比哪一个组能挑战的难度最高。

2. 组织方法：

（1）教师分好小组，分配好场地后统一进行游戏，一定时间后暂停。

（2）每轮游戏结束，进行一次挑战展示和小组讨论。

3. 能力实施：让学生感受到踢点球的氛围，以此来激发学生的积极

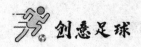

性，从而提高学生的出球准确性，并给予学生根据自己的情况自由调整练习难度的空间。

4. 活动评价：

评价指标	评 价 内 容	评价等级		
		★	★★	★★★
个人能力	★能积极参与游戏。 ★★能跟随教师的要求完成游戏。 ★★★能在游戏中积极思考。			
多元技能	★踢进宽度为1.5米的球门。 ★★踢进宽度为1米的球门。 ★★★踢进宽度为0.5米的球门。			
交往能力	★可以和组员沟通与交流。 ★★可以提出自己的意见。 ★★★可以给予同伴建议。			
创新能力	★可以调整球门的大小。 ★★可以调整踢球的距离。 ★★★可以尝试其他的部位踢球。			

5. 活动准备：

①场地：宽阔平整的地面，无障碍物。

②器材：足球，（小号、中号、大号）装水的塑料瓶，纸和笔。

打 保 龄 球

一、活动意图

通过一项球类运动将学生吸引到足球练习中来，让学生保持积极性。在游戏中通过不断尝试去找到踢球更准确的部位，提高踢球的准确性。

二、活动目标

1. 学生清楚了解游戏的规则和保龄球的玩法。

2. 大部分学生保证20%的命中率，少部分学生保证50%的命中率，极少数学生保证80%的命中率。

3. 学生积极参与每项活动，并提高团结协作的能力。

三、全纳设计

星 级	要 求
★	10次机会里可以踢倒2个标志物。
★★	10次机会里可以踢倒5个标志物。
★★★	10次机会里可以踢倒8个及以上标志物。

★学生自己选择踢球的部位（脚内侧/正脚背/其他），能在10次机会里踢倒2个标志物。

★★学生自己选择踢球的部位（脚内侧/正脚背/其他），能在10次机会里踢倒5个标志物。

★★★学生自己选择踢球的部位（脚内侧/正脚背/其他），能在10次机会里踢倒8个及以上标志物。

四、活动建议

1. 活动规则：将标志物排成保龄球的摆放位置，每位学生用脚踢球，踢倒一个标志物得1分。可以用积分制，也可以按照踢倒所需的次数来

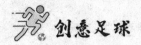

计分。

2. 组织方法：

（1）组织学生开始分组练习。

（2）教师集合讲解踢球部位。

（3）再次分组进行练习。

3. 能力实施：通过保龄球运球引出练习，让学生更易于理解并保持积极性，并通过游戏中的变化来提高学生踢球的准确性。

4. 活动评价：

评价指标	评 价 内 容	评价等级		
		★	★★	★★★
个人能力	★能参与活动。 ★★能按照教师的要求进行活动。 ★★★能带领小组进行活动。			
多元技能	★命中率达到20%。 ★★命中率达到50%。 ★★★命中率达到80%。			
交往能力	★能和同伴沟通。 ★★能在讨论中发表自己的意见。 ★★★能给予别人建议。			
创新能力	★可以改变踢球的距离。 ★★可以改变保龄球的摆放。 ★★★可以改变游戏的计分方式。			

5. 活动准备：

①场地：五人制足球场。

②器材：足球，（小号、中号、大号）装水的塑料瓶，纸和笔。

时光隧道

一、活动意图

两点间的直线传球准确性是传球技能的精华所在，此技能决定了赛场上的战机和效率。本活动的学习锻炼学生脚下控制球的能力，提高踢球的准确性和团队合作能力，旨在最大化地掌握两点间的直线传球技能。

二、活动目标

1. 在学习中认识控球和踢球技术并能说出准确踢球的方法和要点。

2. 通过练习掌握控球和踢球技术并灵活运用到活动和比赛中。

3. 增强团体合作的能力，锻炼不怕困难的意志品质。

三、全纳设计

层 级	具 体 说 明
★	进行4~6人的无球和有球的模仿练习和比赛。
★★	进行6~9人的有球练习和比赛。
★★★	进行9~12人的有球练习和比赛。

★4~6人一组，站成一路纵队，人字站立，前后一臂距离，队尾同学从胯下将球传至排头，排头接到球后，抱球跑至队尾，再次传球至排头，进行无球和有球的练习，练好后进行小组间的比赛，比一比哪个小组最先完成。

★★6~9人一组，站成一路纵队，人字站立，前后一臂距离，队尾同学从胯下将球传至排头，排头接到球后，抱球跑至队尾，再次传球至排头，进行反复练习，练好后进行小组间的比赛，比一比哪个小组最先完成。

★★★9~12人一组，站成一路纵队，人字站立，前后一臂距离，队尾同学从胯下将球传至排头，排头接到球后，抱球跑至队尾，再次传球至排头，进行反复练习，练好后进行小组间的比赛，比一比哪个小组最先完成。

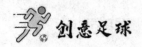

四、活动建议

1. 活动内容：4~12人一组，排成一列，人字站立，前后一臂距离，队尾同学从胯下将球传至排头，排头接到球后，抱球跑至队尾，再次传球至排头，依次循环。不是人字站立或故意阻挡球者活动暂停1次。

2. 组织方法：

（1）教师组织示范，大家集体进行学习。

（2）分小组，选出小组长，由小组长组织大家进行无球和有球练习。

提问：如何缩短穿越隧道的时间？

提示：脚下力度、脚分开大小、站直线……

3. 能力实施：在踢球练习中，增强了多元技能和自主学习能力。在活动和比赛中提高了团队合作能力，提升了交往能力。学生根据各自能力的不同，能大胆地展示自己，增强自信心，激发足球运动的学习兴趣。由小组到大组，由无球到有球的转换，逐渐增加难度，锻炼了不怕困难的意志品质。

4. 活动评价：

评价指标	评价内容	评价等级 ★ ★★ ★★★
个人能力	★个人能接受学习。 ★★自己能自主学习。 ★★★自己能担当引领者组织大家一起学习。	
多元技能	★能模仿踢球准确性的练习动作。 ★★根据要求能熟练掌握踢球准确性的练习动作。 ★★★根据要求能熟练掌握并能应用到比赛中。	
交往能力	★学习中有困难主动寻求帮助。 ★★学习中同学有困难能主动帮助。 ★★★团体学习中主动相互帮助。	

5. 活动准备：

①准备时间：10分钟。

②准备内容：足球场、分队服、足球。

旋转木马

一、活动意图

移动中的准确踢球动作是对足球基本功的极大考验，准确率越高，进攻机会越多，获胜概率就越大。本次活动旨在提高学生运球中的观察能力和脚下控制球能力，培养踢球的准确性，争取在比赛或游戏中争夺主动权。

二、活动目标

1. 在学习中了解控球和踢球技术并能说出准确踢球的方法和要点。

2. 通过练习掌握控球和踢球技术并灵活运用到活动和比赛中。

3. 激发运动足球热情，增强团体合作的能力，锻炼敢于挑战的意志品质。

三、全纳设计

层　级	具　体　说　明
★	进行"球门"不动,踢、接球同学移动的练习和比赛。
★★	进行"球门"动,踢、接球同学不动的练习和比赛。
★★★	进行"球门"动,踢、接球同学移动的练习和比赛。

★4人一组，2人搭球门并要求球门不动，其余2人移动中进行射门和接球的练习，5次后角色轮换，练好后进行小组间的比赛，比一比哪个小组所有成员最先完成。

★★4人一组，2人搭球门并要求球门移动，其余2人原地进行射门和接球的练习，5次后角色轮换，练好后进行小组间的比赛，比一比哪个小组所有成员最先完成。

★★★4人一组，2人搭球门并要求球门移动，其余2人移动中进行射门和接球的练习，5次后角色轮换，练好后进行小组间的比赛，比一比哪个小组所有成员最先完成。

四、活动建议

1. 活动内容：4人一组，2名同学肩搭肩搭出球门，一名同学踢球穿过球门，另一名同学在球门对面接球，并准备射门。两人完成四次射门后，两组人员角色交换。旋转的同学不能转出规定的区域。越出指定区域的同学、踢球和接球不成功的同学做5次蛙跳后重新开始。

2. 组织方法：

（1）整体示范学习"球门"动和不动，踢、接球同学原地和移动的动作。

（2）分组"球门"动和不动，踢、接球同学原地和移动的无球动作练习。

（3）分组"球门"动和不动，踢、接球同学原地和移动的有球动作练习。

提问：（1）如何选择踢球的时机？

（2）如何控制好脚的力量？如何选择触球部位？

（3）摆动腿幅度的大小与射门的关系？

3. 能力实施：个人学习踢、接准确球，不限方式，提升了学生的个人能力和多元技能。比赛中大家相互鼓励、相互帮助，体现了交往能力。彼此之间的多种变换方式的展示为大家提供了相互学习的机会，比赛后的交流和分享让大家又有了新的突破和收获。

4. 活动评价：

评价指标	评 价 内 容	评 价 等 级		
		★	★★	★★★
个人能力	★个人能接受学习。 ★★自己能自主学习。 ★★★自己能担当引领者组织大家一起学习。			
多元技能	★能模仿踢、接球练习的动作。 ★★根据要求能熟练掌握踢、接球练习的动作。 ★★★根据要求能熟练掌握并快速转换踢、接球的练习动作。			
交往能力	★学习中有困难主动寻求帮助。 ★★学习中同学有困难能主动帮助。 ★★★团体学习中主动相互帮助。			

5. 活动准备：

①准备时间：10分钟。

②准备内容：足球场、分队服、足球。

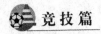

快 闪

一、活动意图

踢球是组织进攻、创造和完成射门的重要手段，移动中踢球的准确性是比赛中获胜的关键。本活动的学习旨在提高学生踢球的准确性，发展奔跑能力和灵敏素质，增强运动中的随机应变能力。

二、活动目标

1. 在学习中了解踢球技术并能说出准确踢球的方法和要点。

2. 在练习中掌握踢球技术并灵活运用到活动和比赛中。

3. 提升洞察力和随机应变能力，增强团体合作的竞争力。

三、全纳设计

层 级	具 体 说 明
★	15~20人一组用1~2个软式排球练习和比赛。
★★	10~15人一组用2个或多个足球练习和比赛。
★★★	5~10人一组用2个或多个足球练习和比赛。

★15~20人一组，用1~2个软式排球进行练习，练好后进行组间比赛，比一比哪个小组最先把所有快闪者击中。

★★10~15人一组，用2个或多个足球进行练习，练好后进行组间比赛，比一比哪个小组最先把所有快闪者击中。

★★★5~10人一组，用2个或多个足球进行练习，练好后进行组间比赛，比一比哪个小组最先把所有快闪者击中。

四、活动建议

1. 活动内容：在场地上画一个直径为15m的圆圈游戏区，根据学生人数情况分为两组。一组为"进攻者",另一组为"快闪者"。准备时,"进攻者"持球,站在圆圈的外围;另一组"快闪者"分散于圆圈场地内。开始时,"进攻者"在场外踢球,伺机用球踢中"快闪者",被击中的"快闪者"退出游戏,并罚做俯卧撑5次。

2. 组织方法:

(1)进行大组软式排球的"快闪"练习,组织者提醒安全问题。

(2)进行小组软式排球的"快闪"练习,组织者提醒安全问题。

(3)进行大、小组足球的"快闪"练习,组织者提醒安全问题。

提问:(1)个人成功躲球的技巧有哪些?

(2)小组成功和失败的体验是什么?

3. 能力实施:"进攻者"的练习提升了踢球的准确性,体现出个人能力和多元技能。小组"快闪者"的练习增强了活动中的洞察力和随机应变能力,在模仿或学习的过程中体现出交往能力。由大组到小组,由软式排球到足球的转换,逐渐增加难度,锻炼了小组的竞争力和团队合作能力。小组反思失败的教训,积极调整和学习,勇于挑战,争取有新的突破。

4. 活动评价:

评价指标	评价内容	评价等级		
		★	★★	★★★
个人能力	★个人能接受学习。 ★★自己能自主学习。 ★★★自己能担当引领者组织大家一起学习。			
多元技能	★能模仿踢球准确性的练习动作。 ★★根据要求能熟练掌握踢球准确性的练习动作。 ★★★根据要求能熟练掌握并能应用到比赛中。			
交往能力	★学习中有困难主动寻求帮助。 ★★学习中同学有困难能主动帮助。 ★★★团体学习中主动相互帮助。			

5. 活动准备：

①准备时间：10分钟。

②准备内容：足球场、圆圈、软式排球、足球。

足球转盘

一、活动意图

通过改变球的传球线路、球的个数和其他因素来锻炼学生的反应能力和传球能力，并考验小组之间的团结协作能力和互相沟通的能力，也给予学生自己改变规则的权力，培养学生的创新能力。

二、活动目标

1. 学生能够初步了解传球的合理部位和练习的传球顺序。

2. 大部分学生按照正确的顺序用正确的部位传接球，少部分学生在2个球的情况下按照正确的顺序用正确的部位传接球，极少数学生在3个球的情况下按照正确的顺序用正确的部位传接球。

3. 学生积极参与每项活动并能在练习时相互提醒和呼应。

三、全纳设计

星级	要 求
★	能够按正确的顺序传接球1圈。
★★	能够不失误连续传球30秒。
★★★	能够增加1个球不失误传球30秒。

★能够按照规则，按正确的传球方向，完整传球1圈。

★★能够按照规则，按正确的传球方向，不失误连续传球30秒（必须超过1圈）。

★★★能够增加1个球，按照规则和正确的传球方向，不失误连续传球30秒（必须超过1圈）。

四、活动建议

1. 活动规则：每组5~7人围成圈站立，间距为1~2米。全体按照确定的顺序传球，不能将球传给旁边的队友。当传球顺序确定后，尝试加入更多的球（足球/篮球/排球），不同的传球方式和不同的要求。在设定时间内练习，随后计算能按照要求无失误传球30秒的用球数量。30秒内用球数量最多的团队获胜（计时从所有球在空中传递时开始）。

2. 组织方法：

（1）教师分组后，统一组织学生开始活动，进行巡回指导。

（2）一定时间后，暂停活动，进行纠错和点评。

3. 能力实施：复杂的传球线路和传球方式等因素的变化，锻炼了学生的思考与反应能力，并采用小组合作的方式提高了团结协作能力。

4. 活动评价：

评价指标	评 价 内 容	评 价 等 级		
		★	★★	★★★
个人能力	★能参与活动。 ★★能按照教师的要求进行活动。 ★★★能带领小组进行活动。			
多元技能	★能够向正确的方向传球1圈。 ★★1个球传接30秒不失误。 ★★★2个球传接30秒不失误。			
交往能力	★能和同伴互相呼应。 ★★能和组员对表现进行交流。 ★★★能在讨论时表达自己的想法。			
创新能力	★可以自己选择传球的个数。 ★★可以自己选择不同类型的球。 ★★★可以自己选择传球的方式。			

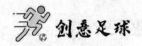

5. 活动准备：

①场地：五人制足球场半场。

②器材：足球，篮球，排球若干个。

指定乾坤

一、活动意图

用各种部位托起足球的设定增加了学生练习的兴趣和乐趣。通过团队游戏来培养学生的集体荣誉感，练习过程中的互相交流与彼此之间的建议可以帮助学生增强沟通能力。

二、活动目标

1. 学生清楚了解游戏的规则。

2. 大部分学生用手掌将球托起，少部分学生用三根手指将球托起，极少数学生用一根手指将球托起。

3. 学生提高团结协作的能力并能互相沟通。

三、全纳设计

星级	要　求
★	使用手掌,可共同将足球从地上托起,直至过头顶并运送到指定位置。
★★	使用3根手指托球,可共同将足球从地上托起,直至过头顶并运送到指定位置。
★★★	使用1根手指托球,可共同将足球从地上托起,直至过头顶并运送到指定位置。

四、活动建议

1. 活动规则：5~6人一组，每人只准使用指定的部位（手掌/3根手指/1

根手指/其他），共同将足球从地上托起，直至过头顶并移动到规定的终点，用时快且球不落地的队伍获胜。

2. 组织方法：

（1）每个小组先进行自主练习，熟练练习部位。

（2）组织进行分组比赛。

（3）比赛后再次练习并总结。

3. 能力实施：通过制定的不同部位来调节难度，提高学生的积极性和对球的球感，团队合作的练习可以提高组员之间互相沟通和交流的能力。

4. 活动评价：

评价指标	评价内容	评价等级		
		★	★★	★★★
个人能力	★能参与活动。 ★★能按照教师的要求进行活动。 ★★★能带领小组进行活动。			
多元技能	★使用手掌托球。 ★★使用3根手指托球。 ★★★使用1根手指托球。			
交往能力	★能和同伴互相呼应。 ★★能参与小组的讨论。 ★★★能在小组讨论中发表自己的观点。			
创新能力	★自己创新1个部位。 ★★自己创新2个部位。 ★★★自己创新3个及以上部位。			

5. 活动准备：

①场地：五人制足球场。

②器材：足球。

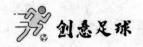

足球天使

一、活动意图

通过集体带球的形式让学生互相沟通交流，培养学生的团队协作能力，在团队合作的过程中，锻炼带球能力。

二、活动目标

1. 学生了解脚的不同部位带球的不同效果。

2. 大部分学生能手拉手带1个球至终点，少部分学生能手拉手带2个球至终点，极少数学生能手拉手带3个球至终点。

3. 学生积极参与每项活动，提高了团结合作的能力。

三、全纳设计

星 级	要 求
★	可以顺利地将球带至指定地点。
★★	增加至2个球，带球通过指定路线。
★★★	增加至3个球，绕过标志回起点。

★团队用自己的方式，运用不同的带球部位，可以顺利将球带到指定的地点。

★★团队用自己的方式，运用不同的带球部位，可以顺利将2个球带到指定的地点。

★★★团队用自己的方式，运用不同的带球部位，可以顺利将3个球带到指定的地点。

四、活动建议

1. 活动规则：5人一组，手拉手围成一圈，集体带球，将球带至指定地点，过程中球不能出圈，用时最快的组获胜。

2. 组织方法：

（1）组织进行整体性的练习，熟练集体带球的方式。

（2）教练统一进行比赛。

（3）比赛后分组进行讨论再次练习。

3. 能力实施：通过带球练习培养学生的球感和带球能力，也提高了学生的团队协作能力。

4. 活动评价：

评价指标	评 价 内 容	评价等级		
		★	★★	★★★
个人能力	★能参与活动。 ★★能按照教师的要求进行活动。 ★★★能带领小组进行活动。			
多元技能	★带1个球至终点。 ★★同时带2个球至终点。 ★★★同时带3个球至终点。			
交往能力	★能和同伴互相呼应。 ★★能够总结练习经验。 ★★★能在讨论中说出自己的想法。			
创新能力	★改变球的个数。 ★★改变带球的路线。 ★★★改变2个及以上的因素。			

5. 活动准备：

①场地：五人制足球场全场。

②器材：球、标志桶。

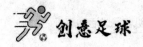

冲 出 重 围

一、活动意图

良好的身体素质是球类运动的保障，足球比赛中移动中运球突破更是对身体对抗的极大考验。此活动的安排是为了提高学生在运球中的对抗能力，让学生了解和掌握足球运动中的合理冲撞技术。

二、活动目标

1. 认识运球中合理冲撞技术并能说出各种冲撞情景。

2. 掌握运球和合理冲撞技术并能运用到活动和比赛中。

3. 勇于展示自己，冷静思考，激发创造力，增强团体合作能力。

三、全纳设计

层 级	具 体 说 明
★	15~20人的无球和有球的模仿练习和比赛。
★★	10~15人的有球练习和比赛。
★★★	8~12人的有球练习和比赛。

★15~20人一大组，分成人数相等的两组，一组围成圈，另一组在圈外，在规定的时间内，每人带一球，试图突破重围到圈内。围圈的同学必须手靠后背，不能用手阻挡进攻人员，只能用躯干和腿进行阻挡。首先进行无球练习，然后进行有球练习，练好后进行组内比赛，比一比哪一组所有成员最先完成"冲出重围"。

★★10~15人一大组，分成人数相等的两组，一组围成圈，另一组在圈外，在规定的时间内，每人带一球，试图突破重围到圈内。围圈的同学必须手靠后背，不能用手阻挡进攻人员，只能用躯干和腿进行阻挡。练好后进行组内比赛，比一比哪一组所有成员最先完成"冲出重围"。

★★★8~12人一大组，分成人数相等的两组，一组围成圈，另一组在圈外，在规定的时间内，每人带一球，试图突破重围到圈内。围圈的同学必须手靠后背，不能用手阻挡进攻人员，只能用躯干和腿进行阻挡。练好后进行组内比赛，比一比哪一组所有成员最先完成"冲出重围"。

四、活动建议

1. 活动内容：分成人数相等的两组，一组围成圈，另一组在圈外，每人带一球，试图突破重围到圈内。围圈的同学必须手背身后，不能用手阻挡进攻人员，只能用躯干和腿进行阻挡，规定5分钟。

2. 组织方法：

（1）教师组织示范，大家一起学习，提醒冲撞中的安全问题。

（2）分组进行无球和有球练习，提醒冲撞中的安全问题。

提问：（1）个人带球成功"冲出重围"的技巧有哪些？

　　　（2）小组成功和失败的体验是什么？

3. 能力实施：在无球练习到有球练习的转换过程中，逐步提升学生在足球运动中的合理冲撞技术，增强多元技能和个人能力。人数递减的挑战中，比赛和活动难度加大，考验了小伙伴之间的合作交往能力，顺利过关的团队展现了创造力。每个人都能积极参与，主动献计献策，既提升了个人能力，又展现出敢于挑战的意志品质。

4. 活动评价：

评价指标	评价内容	评价等级		
		★	★★	★★★
个人能力	★个人能接受学习。 ★★自己能自主学习。 ★★★自己能担当引领者组织大家一起学习。			
多元技能	★能模仿运球过人的练习动作。 ★★根据要求能熟练掌握运球过人的练习动作。 ★★★根据要求能熟练掌握并能应用到比赛中。			

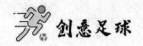

续表

评价指标	评 价 内 容	评价等级		
		★	★★	★★★
交往能力	★学习中有困难主动寻求帮助。 ★★学习中同学有困难能主动帮助。 ★★★团体学习中主动相互帮助。			
创造能力	★根据要求能自主闯关。 ★★根据要求能合力闯关。 ★★★根据要求能多种方法闯关。			

5. 活动准备：

①准备时间：10分钟。

②准备内容：足球场、圆圈、分队服、足球。

第四章

创意足球活动方案编制

第一节 一日活动方案的编制

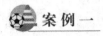 案例一

杭师附小足球嘉年华一天活动方案

【活动宗旨】

通过足球嘉年华活动中的画一画、唱一唱、玩一玩等项目，让学生初步感受足球运动的魅力，体验足球运动的快乐，增强学生对足球运动的兴趣，培养学生团结协作的体育精神。

【活动组委会名单】

主任：俞校长

副主任：孙书记、缪校长、杨校长

项目组成员：翁老师、唐老师、俞老师、叶老师、蒋老师、李老师、张老师、羊老师

【时间安排】

4月15日　上午8:30~9:00　　　足球嘉年华活动开幕式

　　　　　　9:10~11:00　　　趣味游园

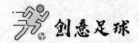

下午13：00~14：50　趣味游园

15：00~15：20　足球嘉年华活动闭幕式

【嘉年华前期准备】

1. 班主任认真阅读嘉年华活动手册中的各项活动细则，积极做好宣传与指导工作

2. 设计足球嘉年华学生活动指南

3. 嘉年华活动☆印章、奖品准备（负责人：张老师）

4. 学生游园单打印（负责人：李老师）

体验项目	星级评价	教师签名
吉祥宝贝		
足球报时		
激情喝彩		
灵魂战袍		
声人人心		
线上充电		
奖项设置：一等奖：15★　　二等奖：10★　　三等奖：6★		

5. 奖品发放处：会议室门口（负责人：严老师）

足球嘉年华活动索引

活动日期	活动名称	活动对象	活动时间	活动地点	负责人	备注
4月15日上午	开幕式	全体师生	8：30~9：00	操场	唐老师	附件1
	吉祥宝贝	一年级	9：20~9：50	101班	蒋老师	各项活动规则参照附件2
		二年级	10：40~11：10			
		三年级	10：00~10：30			
	足球报时	一年级	10：00~10：30	篮球场	羊老师	
		二年级	9：20~9：50			
		三年级	10：40~11：10			

续表

活动日期	活动名称	活动对象	活动时间	活动地点	负责人	备注
4月15日上午	激情喝彩	一年级	10:40~11:10	音舞教室	曾老师	各项活动规则参照附件2
		二年级	10:00~10:30			
		三年级	9:20~9:50			
	灵魂战袍	四年级	9:20~9:50	102班	李老师	
		五年级	10:40~11:10			
		六年级	10:00~10:30			
	声入人心	四年级	10:00~10:30	音乐教室	叶老师	
		五年级	9:20~9:50			
		六年级	10:40~11:10			
	线上充电	四年级	10:40~11:10	小操场	张老师	
		五年级	10:00~10:30			
		六年级	9:20~9:50			
4月15日下午	灵魂战袍	一年级	13:00~13:30	102班	李老师	各项活动规则参照附件2
		二年级	14:20~14:50			
		三年级	13:40~14:10			
	声入人心	一年级	13:40~14:10	音乐教室	叶老师	
		二年级	13:00~13:30			
		三年级	14:20~14:50			
	线上充电	一年级	14:20~14:50	小操场	张老师	
		二年级	13:40~14:10			
		三年级	13:00~13:30			
	吉祥宝贝	四年级	13:00~13:30	101班	蒋老师	
		五年级	14:20~14:50			
		六年级	13:40~14:10			
	足球报时	四年级	13:40~14:10	篮球场	羊老师	
		五年级	13:00~13:30			
		六年级	13:00~13:30			

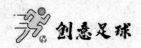

活动日期	活动名称	活动对象	活动时间	活动地点	负责人	备注
4月15日下午	激情喝彩	四年级	14:20~14:50	音舞教室	曾老师	各项活动规则参照附件2
		五年级	13:40~14:10			
		六年级	13:00~13:30			
	闭幕式	全体师生	15:00~15:20	操场	唐老师	附件3

附件1

杭师附小足球嘉年华活动开幕式活动方案

一、活动时间：4月15日上午8:30~9:00

二、活动地点：杭师附小操场

三、活动流程：

1．主持人宣布开幕式开始（主持人：方天恒、范聿轩）

2．领导致辞——俞富根校长宣布杭师附小足球嘉年华活动正式启动

3．学生代表讲话（401班张珂嘉）

4．现场抽奖，先抽取学号，再抽取班级，共产生18位幸运星，幸运星获得足球相关奖励（如足球、看球头巾、彩旗等）

5．主持人宣布开幕式结束

四、准备工作：

1．主持人相关工作（负责人：唐老师）

2．音响、摄像、话筒（负责人：蒋老师）

3．摄影（负责人：王老师）

4．会场布置：操场四周布置彩旗；主席台铺红地毯；操场横幅：热烈

庆祝杭师附小足球嘉年华活动隆重开幕（负责人：张老师）

5．奖品采购（负责人：张老师）

6．主席台背景幕布设计制作。内容：体验足球乐趣——杭师附小足球嘉年华（负责人：李老师）

7．鼓号队训练（负责人：唐老师）

附件2

游园活动方案

一、活动宗旨：丰富校园文化氛围，传承足球文化传统。通过一系列关于足球的活动，让学生获得足球运动的快乐，对足球这一运动产生兴趣。在足球游戏、足球比赛等活动中锻炼体魄，培养团队意识和拼搏精神，为学生提供展示的舞台。

二、活动时间：3月15日上午9:00~11:10

3月15日下午13:00~14:50

三、摄影摄像：王老师

序号	活动名称	活动地点	活动内容	备注	负责人
1	灵魂战袍	102班	球衣是运动员们进行足球运动时穿的衣服,有着不同的象征意义,一起来设计"战服"吧!	1.教师准备:画纸 2.学生准备:马克笔、彩铅	李老师
2	吉祥宝贝	101班	足球吉祥物最初的目的是希望给球队带来幸运。通过想象,一起来尝试设计足球卡通吉祥物。		蒋老师

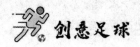

续表

序号	活动名称	活动地点	活动内容	备注	负责人
3	激情喝彩	音舞教室	根据口号、节奏进行模仿、创编。	教师准备：历届世界杯主题曲、PPT、小鼓、沙锤	曾老师
4	声入人心	音乐教室	音乐带给人激情与希望，学习历届世界杯主题曲，一起high起来！		叶老师
5	足球报时	篮球场	13人一组，12人围成一个时钟，每人代表一个数字，每人拿一个球，教练报出时间（如8点钟），该时间所代表的学生将球传给中间的人，中间的同学再将球回传。准确完成三次后换人。	教师准备：足球	羊老师
6	线上充电	小操场	通过各种对球的控制来培养学生的球性球感，通过运用信号引导学生进行动作的方式来增强快速反应能力。		张老师

附件3

杭师附小足球嘉年华活动闭幕式活动方案

一、活动时间：3月15日　下午15:00~15:20

二、活动地点：杭师附小操场

三、活动流程：

1．播放嘉年华活动视频

2．主持人出场，回顾各个年级不同项目活动视频（主持人：黄许懿、周玲沂）

3．美术作品展示、全体学生跟着音乐唱 *Waka Waka* 副歌部分

4．领导总结

5．主持人宣布杭师附小足球嘉年华活动圆满闭幕

四、准备工作：

（一）前期准备

1．主持人相关工作（负责人：唐老师）

2．音响、摄像、话筒（负责人：蒋老师）

3．摄影（负责人：王老师）

4．操场横幅：热烈庆祝杭师附小足球嘉年华活动圆满闭幕（负责人：张老师）

（二）活动准备

1．音响、摄像、活动视频拍摄准备（负责人：蒋老师）

2．主持人训练：黄许懿、周玲沂（负责人：唐老师）

3．优秀美术作品收集（负责人：李老师、蒋老师）

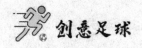

第二节　三日活动方案的编制

 案例二

杭师附小足球嘉年华三天活动方案

杭师附小足球嘉年华三日活动手册

【活动宗旨】

以"弘扬足球文化，体验足球乐趣"为主要目的，结合不同的艺术学科特点，开展丰富多彩的足球活动。学生通过足球小游戏、制作足球周边产品、唱演足球等活动，进一步地认识足球、体验足球、爱上足球。激发学生对足球运动的热爱，提升团队合作能力、个人创造能力等，同时营造热烈的足球氛围，丰富学生课余活动。

【活动组委会名单】

主任：俞校长

副主任：孙书记、杨校长、缪校长

项目组成员：翁老师、唐老师、羊老师、张老师、俞老师、叶老师、蒋老师、李老师

【时间安排】

4月17~19日

【嘉年华前期准备】

1. 班主任认真阅读足球嘉年华活动手册中的各项活动细则，积极做好宣传

2. 嘉年华活动☆印章、奖品准备　　负责人：张老师

3. 学生活动手册设计打印　　　　　负责人：李老师、蒋老师

4. 奖品发放处：会议室门口　　　　负责人：唐老师、严老师

足球嘉年华索引

活动时间	活动安排	活动对象	时间分配	活动地点	负责人	附件
4月17日（周三）	嘉年华开幕式	全体师生	8:30~9:00	操场	唐老师	附件1
	足球游园会（一）	一、二、三年级	9:20~11:20	专用教室操场	蒋老师	附件2
		四、五、六年级	13:20~15:20	专用教室操场	叶老师	附件2
	一站到底比一比	一、二、三年级	13:20~15:20	各班教室阶梯教室、风雨操场、操场	羊老师	附件3
		四、五、六年级	9:20~11:20	各班教室、阶梯教室、风雨操场、操场	张老师	附件3
4月18日（周四）	足球游园会（二）	一、二、三年级	9:00~11:00	专用教室、各班教室、操场	翁老师	附件4
		四、五、六年级	13:20~15:20	专用教室、各班教室、操场	徐老师	附件4
	趣味游戏玩一玩	一、二、三年级	13:20~14:00	各班教室（超级模仿）	各班主任	附件5
			14:20~15:20	操场、小操场、风雨操场（时光隧道）	李老师	附件5

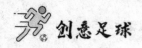

续表

活动时间	活动安排	活动对象	时间分配	活动地点	负责人	附件
4月18日（周四）	趣味游戏玩一玩	四、五、六年级	9:00~9:40	各班教室（超级模仿）	各班班主任	附件5
			10:00~11:00	操场、小操场、风雨操场（时光隧道）	陈老师	附件5
4月19日（周五）	炫酷之秀	一至六年级	9:00~10:00	各班教室	各班班主任	附件6
	决赛指尖	一至六年级	10:20~11:20	操场、小操场、篮球场	羊老师张老师	附件7
	闭幕式	全体师生	13:30~15:30	操场	杨老师唐老师	附件7

附件1

杭师附小足球嘉年华启动仪式活动方案

【活动时间】4月17日上午8:30~9:00

【活动地点】操场（雨天教室收听广播）

【主 持 人】方天恒、范聿轩

【活动流程】

1. 主持人宣布启动仪式开始

2. 领导致辞——宣布足球嘉年华正式启动

3. 学生代表讲话

4. 现场抽奖，先抽取学号，再抽取班级，共产生18位幸运星，幸运星获得足球相关奖励（如足球、看球头巾、彩旗等）

5. 宣布仪式结束

【活动准备】

1. 主持人培训　　　　　　　　　　　负责人：唐老师

2. 音响、摄像、话筒准备　　　　　　负责人：蒋老师

3. 拍照、摄影　　　　　　　　　　　负责人：王老师

4. 会场布置：操场四周布置彩旗；主席台铺红地毯；操场横幅：热烈庆祝杭师附小足球嘉年华隆重开幕　　　　负责人：张老师

5. 抽奖奖品采买：足球、头巾、彩旗等　　负责人：张老师

6. 学生活动手册设计打印　　　　　　负责人：李老师、蒋老师

7. 主席台背景幕布设计制作："体验足球乐趣——杭师附小足球嘉年华开幕式"　　　　　　　　　　　　　　负责人：李老师

8. 鼓号队训练　　　　　　　　　　　负责人：唐老师

附件2

足球游园会（一）方案

一、活动宗旨

学生通过游园会各种小游戏，根据自己的兴趣爱好，自主选择参与项目。在足球小游戏、制作足球周边产品和唱演足球等活动中，提升团队合作能力和个人创造能力等。

二、活动信息

1. 时间：4月17日

2. 地点：各班教室、专用教室、学校操场

3. 对象：1~6年级全体师生

三、活动时间

一、二、三年级：第一场　　　9：20~9：50

第二场　　　10:05~10:35

第三场　　　10::50~11:20

四、五、六年级：第一场　13:20~13:50

第二场　　　14:05~14:35

第三场　　　14:50~15:20

四、活动内容

序号	活动名称	活动地点	活动内容	活动准备	负责老师	备注
1	吉祥宝贝	美术教室	足球吉祥物最初的目的是希望给球队带来幸运。通过想象，一起来尝试设计足球卡通吉祥物。	教师准备：课件、16开铅画纸 学生准备：彩笔 工具	蒋老师 萧老师	每班选择两张作品，参与投票评比
2	一票难求	信技教室	足球赛的门票不仅是观看比赛的入场券，更具有纪念意义以及收藏价值。一起动手完成一张门票设计吧！	教师准备：课件、长条形铅画纸 学生准备：彩笔 工具	蒋老师 唐老师	每班选择两张作品，参与投票评比
3	决战之报	书法教室	学习标题文字的创意书写和装饰方法，了解海报的构成要素和设计方法，你的宣传海报够吸引人吗？	教师准备：课件、8开和16开铅画纸 学生准备：彩笔 工具	徐老师 严老师	每班选择两张作品，参与投票评比
4	球舞飞扬	音舞教室	玩转啦啦操、花球操，为足球小将助力吧！	教师准备：花球5只、音乐	叶老师 施老师	
5	声入人心	音乐教室	音乐带给人激情与希望，学习历届世界杯主题曲，一起high起来！		曾老师 孟老师	

续表

序号	活动名称	活动地点	活动内容	活动准备	负责老师	备注
6	赶小猪	操场	两人一球迎面10m站立,听哨声指令,有球的同学同时直线向前,赶球到对面,把球交给自己的伙伴,看哪组最先完成一个来回。	教师准备:标志桶10只、足球4只	张老师 严老师	分成4个小组同时进行

学生每体验一个项目在活动手册上盖一个体验章,然后和足球游园会(二)的得章情况相加,根据得章个数,在足球游园会(二)结束之后,于大厅换取相应奖品。

五、前期活动准备

1. 各年级班主任需提前通知学生自带彩笔工具　负责人:年级组长

2. 园游会活动手册(可盖体验章)　　　　　　负责人:美术组

3. 美术组提前准备各类工具材料和课件　　　　负责人:美术组

4. 成立活动安全小组　　　　　　　　　　　　负责人:安全副校长

六、评比要求

1. 各班共选6幅作品参与评比,包括吉祥物设计2幅、门票设计2幅、海报设计2幅。4月18日前交给美术组老师。

2. 按年级组为单位,全校参与投票打分。每年级组上交作品共18幅,每人可投15票。

3. 每个年级一等奖5幅,二等奖6幅,三等奖7幅。一等奖积★★★,二等奖积★★,三等奖积★。闭幕式颁发奖状。

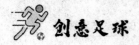

一站到底比一比

一、活动宗旨

一站到底以足球知识竞赛的形式,提高学生对足球知识学习的兴趣。通过足球知识与足球文化的知识竞猜,推动中小学生对足球运动有更多的认识与了解,提升多元能力、个人能力等。

二、活动信息

1. 时间:4月17日

2. 地点:各班教室、阶梯教室、风雨操场、操场

3. 对象:1~6年级全体师生

三、活动时间

一、二、三年级:第一场　　13:20~14:00

　　　　　　　　第二场　　14:20~15:20

四、五、六年级:第一场　　9:20~10:00

　　　　　　　　第二场　　10:20~11:20

四、活动内容

序号	活动名称	活动对象	活动时间	活动地点	活动准备	负责老师	备注
1	一站到底班级赛	一年级	13:20~14:00	各班教室	教师准备:一站到底闯关课件	各班班主任	熟悉规则,体验比赛
		二年级					
		三年级					
		四年级					
		五年级	9:20~10:00				
		六年级					

续表

序号	活动名称	活动对象	活动时间	活动地点	活动准备	负责老师	备注
2	一站到底年级赛	一年级	14:20~15:20	阶梯教室	教师准备：一站到底闯关课件、音乐	各年级组长及各班班主任	各班级选出12人参加积分赛，其余学生场外支援
		二年级	14:20~15:20	操场			
		三年级	14:20~15:20	风雨操场			
		四年级	10:20~11:20	阶梯教室			
		五年级	10:20~11:20	操场			
		六年级	10:20~11:20	风雨操场			

一站到底积分标准：

1分	判断题：题目内容为足球运动起源与发展类知识
2分	选择题：题目内容为足球技术与技能类知识
3分	问答题：足球裁判类知识、竞赛类知识

以年级为单位得分第一积★★★，得分第二积★★，得分第三积★。

附件4

足球游园会（二）方案

一、活动宗旨

学生通过游园会各种小游戏，根据自己的兴趣爱好，自主选择参与项目。在足球小游戏、制作足球周边产品和唱演足球等活动中，提升团队合作能力和个人创造能力等。

二、活动信息

1. 时间：4月18日

2. 地点：各班教室、专用教室、学校操场

3. 对象：1~6年级全体师生

三、活动时间

一、二、三年级：第一场　9:00~9:30

　　　　　　　　第二场　9:45~10:15

　　　　　　　　第三场　10:30~11:00

四、五、六年级：第一场　13:20~13:50

　　　　　　　　第二场　14:05~14:35

　　　　　　　　第三场　14:50~15:20

四、活动内容

序号	活动名称	活动地点	活动内容	活动准备	负责老师	备注
1	荣耀之杯	美术教室	足球奖杯象征着胜利和荣誉。奖杯也体现了最佳的团队合作精神，做好团队"战斗"的准备了吗？	教师准备：课件、陶泥、轻黏土 学生准备：彩笔工具、剪刀	蒋老师 萧老师	
2	足球之变	信技教室	用一张普通的纸条，折成一个六边形，绘制足球的纹样进行翻折，带来类似万花筒的多种图案变化，通过剪剪、折折、画画、翻翻，学生既动手又动脑，乐趣无穷。	教师准备：课件、纸条 学生准备：彩笔工具、剪刀、胶水	翁老师 严老师	
3	激情喝彩	音舞教室	通过口号、节奏的模仿和创编，活跃气氛，给运动员加油的任务交给你啦！	教师准备：沙锤3个，小鼓2个，音乐	叶老师 曾老师	

续表

序号	活动名称	活动地点	活动内容	活动准备	负责老师	备注
4	猴子运桃	操场	通过运送"桃子"的方式让学生带着兴趣练习,并采用先用手后用脚、由易到难的顺序来提高学生的运球能力。	教师准备:标志桶10只 、足球4只	杨老师 严老师	分成4个小组同时进行
5	足球报时	篮球场	了解和明确时钟中数字的位置,然后通过随机报数的方式提高学生快速反应能力,用传接球的方式提高学生传球的能力。	教师提前布置场地画线	印老师 陈老师	可几组同时进行
6	线上充电	小操场	游戏中通过各种对球的控制来培养学生的球性球感,通过运用信号引导学生进行动作的方式来增强快速反应能力。	足球6只	李老师 徐老师	可几组同时进行

学生每体验一个项目在活动手册上盖一个体验章,然后和足球游园会(一)的得章情况相加,根据得章个数,到大厅换取相应奖品。

五、前期活动准备

1.各年级班主任需提前通知学生自带彩笔工具　　负责人:年级组长

2.园游会活动手册(可盖体验章)　　　　　　　负责人:美术组

3.美术组提前准备各类工具材料和课件　　　　　负责人:美术组

4.成立活动安全小组　　　　　　　　　　　　　负责人:安全副校长

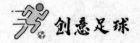

趣味游戏玩一玩

一、活动宗旨

以足球模仿和足球小游戏的形式，增加学生的参与感，初步接触足球运动，提高学生对足球的兴趣。在活动过程中提升多元能力、个人能力和创新能力等。

二、活动信息

1．时间：4月18日

2．地点：各班教室、操场、小操场、风雨操场

3．对象：1~6年级全体师生

三、活动时间

一、二、三年级：第一场　　13:20~14:00

　　　　　　　　第二场　　14:20~15:20

四、五、六年级：第一场　　9:00~9:40

　　　　　　　　第二场　　10:00~11:00

四、活动内容

序号	活动名称	活动对象	活动时间	活动地点	活动准备	负责老师	备注
1	超级模仿	一年级	13:20~14:00	各班教室	教师准备：视频、课件	各班班主任	班级评出优秀模仿者,各班10人,闭幕式上以年级为单位进行表演
		二年级					
		三年级					
		四年级					
		五年级	9:00~9:40				
		六年级					

续表

序号	活动名称	活动对象	活动时间	活动地点	活动准备	负责老师	备注
2	时光隧道	一年级	14:20~15:20	小操场		体育组老师、各年级组长及各班班主任	以年级为单位，进行积分比赛
		二年级	14:20~15:20	操场			
		三年级	14:20~15:20	风雨操场			
		四年级	10:00~11:00	小操场			
		五年级	10:00~11:00	操场			
		六年级	10:00~11:00	风雨操场			

以年级为单位得分第一积★★★，得分第二积★★，得分第三积★。

附件6

决战指尖积分对抗赛

一、活动宗旨

决战指尖通过美术与体育的结合，以有趣的形式，邀请学生体验指尖足球。推动学生对足球运动更多的认识与了解，在活动过程中提升多元能力和创新能力等。

二、活动信息

1. 时间：4月18日　9:00~11:20

2. 地点：各班教室、操场、小操场、篮球场

3. 对象：1~6年级全体师生

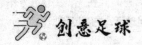

三、活动内容

序号	活动名称	活动对象	活动时间	活动地点	活动准备	负责老师	备注
1	炫酷之秀	一年级	9:00~10:00	各班教室	教师准备：课件 学生准备：炫彩棒	各班班主任	彩绘脸部或手部(手部绘画为决战指尖做准备)
		二年级					
		三年级					
		四年级					
		五年级					
		六年级					
2	决战指尖	一年级	10:20~11:20	操场	教师准备：比赛用的桌子、桌子布置(如足球、球门等)	体育组、各年级组长及各班班主任、副班主任	各班级选出15人参加积分赛，其余学生场外支援
		二年级	10:20~11:20				
		三年级	10:20~11:20	小操场			
		四年级	10:20~11:20				
		五年级	10:20~11:20	篮球场			
		六年级	10:20~11:20				

决战指尖积分标准：

积分	内容	要　求
1分	创意运球	1.手指交替向前向后跑动(手指灵活度训练) 2.手指足球运球，寻找球与手指之间的感觉 3.创新手指运球 4.……
2分	运球过杆射门	1.手指足球相互传球(原地传球、行进间传球) 2.明星脚法模仿秀(创新脚法) 3.射门练习，守门员筛选培训 4.运球射门连贯动作 5.……

续表

积分	内容	要　　求
3分	恒星联赛	1.手指足球战术教学 2.足球规则讲解 3.小组队伍创建,班级联赛(小组与小组对战) 4.校级联赛(班级派出精英队伍进行班级之间的对战) 5.……

以年级为单位得分第一积★★★，得分第二积★★，得分第三积★。

附件7

杭师附小足球嘉年华闭幕式方案

【活动时间】4月19日周五下午13：30~15：00

【活动地点】操场

【主持人】黄许懿、周玲沂

【活动流程】

1.播放嘉年华花絮视频

2.主持人开场

3.主持人回顾各个年级不同项目活动视频

4.颁发各个趣味奖项得奖班级（根据积分评比）

5.美术作品展示

6.啦啦操表演

7.超级模仿秀一秀

8.领导总结并宣布仪式结束

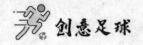创意足球

【活动准备】

1. 音响、摄像、开场视频（3分钟），电子屏以及足球嘉年华精彩活动回放（时间15分钟）　　　　　　　　负责人：蒋老师

2. 年级组长周四下午将前两天的照片及视频资料发给相应的负责人（各年级照片共计30张左右）

3. 主持人培训　　　　　　　　　负责人：唐老师

4. 完成各种奖状打印、撰写　　　负责人：翁老师、姚老师

5. 4月18日前收齐各班美术作品并展示于大厅和小操场，4月19日早上8:30前完成投票，并统计结果　　　负责人：蒋老师、李老师

6. 颁奖礼仪同学及领奖学生培训　负责人：唐老师

7. 优秀美术作品准备　　　　　　负责人：蒋老师、李老师

8. 视频准备，摄影摄像　　　　　负责人：蒋老师、王老师

第三节 一周活动方案的编制

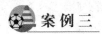 案 例 三

杭师附小足球嘉年华一周活动方案

杭师附小足球嘉年华活动手册

【活动宗旨】

以"发展青少年校园足球，弘扬足球文化"为主要目的，通过开展丰富多彩的足球活动，让学生了解足球、懂得足球、会踢足球，激发学生对足球运动的热爱，深入培养学生的团队协作能力、个人创造能力以及提高学生的沟通能力同时营造激烈的体育运动氛围，丰富学生课余活动。

【活动组委会名单】

主任：俞校长

副主任：孙书记、缪校长、杨校长

项目组成员：翁老师、唐老师、俞老师、叶老师、蒋老师、李老师、张老师、羊老师

【时间安排】

4月12~19日

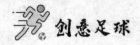
【嘉年华前期准备】

1. 班主任认真阅读艺术节活动手册中的各项活动细则，积极做好宣传与指导工作。

2. 4月12日通过秒选选定各班级对应的足球国家（负责：蒋老师）。

3. 4月15日前，五、六年级班主任以电子稿形式上报"足球争霸"项目名单。

4. 足球嘉年华会场分布图以及学生活动指南（负责：蒋老师）。

足球嘉年华索引

日期	活动名称	活动对象	活动时间	活动地点	负责人	附件
4月12日（周五）	嘉年华开幕式	全体师生	14:00~15:00	操场	唐老师	附件1
4月15日（周一）	走近足球	全体师生	9:00~11:00	各班教室	各班正副班主任	附件2
	荣誉殿堂		13:00~15:00	各班教室	各班正副班主任	附件3
4月16日（周二）	趣味闯关	一、二、三年级	9:00~11:00	学校操场	羊老师	附件5
	纸上谈兵	四、五、六年级	9:00~11:00	各班教室	正副班主任	附件6
	趣味闯关	一、二、三年级	13:00~15:00	学校操场	羊老师	附件5
4月17日（周三）	积分大战	四、五、六年级	9:00~11:00	风雨操场	俞老师	附件4
	"声"动赛场	一、二、三年级	9:00~11:00	各班教室	叶老师	附件7

续表

日期	活动名称	活动对象	活动时间	活动地点	负责人	附件
4月17日（周三）	"声"动赛场	一、二、三年级	13:00~15:00	各班教室	叶老师	附件7
	积分大战	四、五、六年级	13:00~15:00	风雨操场	俞老师	附件4
4月18日（周四）	一站到底比一比	全体师生	9:00~11:00	专用教室	张老师	附件8
	足球争霸	全体师生	13:00~15:00	学校操场	羊老师	附件9
4月19日（周五）	闭幕式	全体师生	9:00~10:00	学校操场	杨老师、唐老师	附件10

附件1

杭师附小足球嘉年华启动仪式活动方案

一、活动时间：4月12日下午14:00~15:00

二、活动地点：操场（雨天教室收听广播）

三、活动流程：

1. 主持人宣布启动仪式开始

2. 领导致辞——宣布足球嘉年华正式启动

3. 学生代表讲话

4. 花样足球表演

5. 现场抽奖，先抽取学号，再抽取班级，共产生18位幸运星，幸运星获得足球相关奖励（如足球、看球头巾、彩旗等）

6. 宣布仪式结束

四、准备工作：

1．主持人：方天恒、范聿轩

2．音响、摄像、话筒（蒋韵负责）

3．摄影（王静文负责）

4．会场布置：操场四周布置彩旗；主席台铺红地毯；操场横幅：热烈庆祝杭师附小足球嘉年华隆重开幕（张东明负责）

5．抽奖奖品采买：足球、头巾、彩旗等（张东明负责）

6．活动指南设计（李利娇、蒋文婕负责）

7．主席台背景幕布设计制作。内容："体验足球乐趣——杭师附小足球嘉年华开幕式"（李利娇负责）

8．鼓号队训练（唐凌毅负责）

附件2

走近足球

【活动宗旨】彩绘在足球运动中是一种独特的文化，既能活跃赛场气氛，又能为支持的球队加油呐喊。学生结合色彩、形状思考在身体的不同部位设计不同内容，体验创新，感受足球文化与运动氛围。

【活动时间】4月15日上午9:00~11:00

【摄影摄像】王老师

序号	活动名称	活动地点	活动内容	备注	负责人
1	炫酷彩绘	各班教室	根据色彩搭配,小组探究,设计彩绘内容。学生根据选择内容,可以设计脸部色彩绘画,在脸部(或手部)设计有特殊含义的彩绘内容,或者在手指以及手背进行队服绘画,并以小组为单位进行足球小游戏。	学生自带水彩颜料	各班正副班主任

续表

序号	活动名称	活动地点	活动内容	备注	负责人
2	信念徽章	各班教室	以小组为单位,根据已有的队徽小卡片,进行队名配对,观察足球队徽组成要素、色彩构成,进行小组汇报。注意组成要素,用主要色块快速进行队徽临摹。设计有创意的徽章logo,并为小队取一个特别的名字。	学生自带水彩笔	各班正副班主任

【评比方式】

1. 由班主任组织学生在班级中进行投票,每项每班选出10个作品,于4月15日中午12点前交至美术蒋老师处。

2. 作品环操场展览,由全校师生对各班作品进行评选打分,每个作品满分5分,由班主任统计分数后于18日放学前交至美术蒋老师处。

3. 作品根据全校师生打分评选出前16名,从高到低分别为班级积分16、15、14、13、……6、5、4、3、2、1。

【活动准备】

1. 各年级班主任提前通知学生自带水彩颜料　　　负责人:年级组长

2. 美术组提前准备各年级彩绘PPT　　　负责人:李老师

3. 成立活动安全小组　　　负责人:杨校长

4. 活动过程中美术教师每班巡查指导　　　负责人:美术教师

5. 学生打分表　　　负责人:蒋老师

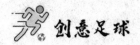

荣誉殿堂

【活动宗旨】足球奖杯象征着胜利和荣誉。奖杯也体现了最佳的团队合作精神，奖杯的设计制作同样需要团队的协作。足球吉祥物是希望给球队带来幸运。通过了解世界各国足球队的吉祥物，通过夸张、拟人、添加等设计方法，尝试设计足球卡通吉祥物，赋予足球生命的动感。动手为自己的班级、球队加油鼓劲。

【活动时间】4月15日下午13:00~15:00

【摄影摄像】王老师

序号	活动名称	活动地点	活动内容	备注	负责人
1	荣耀之杯	各班教室	小组合作讨论，根据奖杯造型结构，设计奖杯稿图，小组之间交流展示。可以添画稿图细节进行上色，小组合作制作奖杯成品。	学生自带水彩笔及黏土	各班正副班主任
2	吉祥宝贝	各班教室	学生欣赏、观察足球吉祥物的特点，对足球吉祥物有感性的认识，尝试学习用夸张、拟人、添加的方法设计吉祥物。最后可以用彩笔设计，然后用轻黏土制作足球吉祥物。	学生自带水彩笔及黏土	各班正副班主任

【评比方式】每班选出一至两件作品交至美术李老师处，由美术组与宣传组联合推出微信公众号，由家长投票选出附小荣誉之杯以及附小足球杯吉祥物，投票时间为4月16日9:00起，至4月18日16:00截止。

【活动准备】

1. 各年级班主任需提前通知学生自带水彩笔及黏土

　　　　　　　　　　　　　　　　　负责人：年级组长

2. 美术组提前准备各年级彩绘 PPT　　负责人：美术教师

3. 成立活动安全小组　　　　　　　　负责人：安全副校长

4. 活动过程中美术教师每班巡查指导　负责人：美术教师

附件 4

积 分 大 战

【活动宗旨】通过踢准游戏，激发学生学习兴趣，培养学生踢准的能力，让学生在游戏中探索哪个部位踢球最准确，并通过小组合作的方式培养学生的合作意识，增强学生的沟通能力。

【摄影摄像】王老师

序号	活动名称	活动地点	活动内容	备注	负责人
1	黄金右脚	二楼风雨操场	每队在标志线后排成一列,面向3个标志桶(矿泉水瓶/仰卧起坐垫子/为增加趣味性可设置卡通形象)。每位学生用脚踢球依次射向1分、5分和10分标志桶。踢倒几分的标志桶得几分,如错过目标,不计分。团队可以选择存入得分,1名队员奔向指定点记下分数,在该队员返回后才能开始下一次踢球,率先达到设定分数的团队获胜。	每班3支队伍,每支队伍10人	张老师叶老师

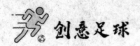

续表

序号	活动名称	活动地点	活动内容	备注	负责人
2	打保龄球	二楼风雨操场	将标志物排成保龄球的摆放位置,每位学生用脚踢球,踢倒一个标志物得1分。可以用积分制,也可以按照踢倒所需的次数来计分。	每班30人,计总成绩排名	羊老师 蒋老师

【评比方式】

1.黄金右脚以班级三支队伍总成绩进行年级排名,根据分数高低排出第一、二、三名,分别为班级积分16、12、8。

2.打保龄球以班级总得分进行年级排名,根据分数高低排出第一、二、三名,分别为班级积分16、12、8。

【活动准备】

1.活动道具准备　　　　　　　　　负责人:张老师

2.成绩统计　　　　　　　　　　　负责人:翁老师

3.成立活动安全小组　　　　　　　负责人:杨校长

附件5

趣味闯关

【活动宗旨】从足球趣味游戏中体验到足球运动的快乐,提高反应速度、起跑速度和身体协调性,增强学生的脚下控球能力,在学习和练习中锻炼团队合作意识和竞争意识。

【摄影摄像】王老师

序号	活动名称	活动地点	活动内容	备注	负责人
1	时光隧道	学校操场	10人一组,排队一列,人字站立,前后一臂距离,队尾同学从胯下将球传至排头,排头接到球后,抱球跑至队尾,再次传球至排头。依次循环。	每班3支队伍	翁老师各班班主任
2	资源有限	学校操场	所有学生站成一个直径约20m的圆圈,并在圆圈外面一定距离(10m/20m/30m/其他)摆放足球。全体学生面向圆心,听教师口令用指定方式移动(转身跑/后退跑/单脚跳/其他),用指定部位(手控制/脚控制)争抢足球,并控制住足球(先接触到球/控球达到3秒/控球回到起点)获胜。教师可根据情况控制球的数量。		蒋老师各班班主任
3	赶小猪	学校操场	两人一球迎面20m站立,听哨声指令,有球的同学同时直线向前,赶球到对面,把球交给自己的伙伴,看哪组最先完成一个来回。赶球方式要根据教师的要求进行。	每队30人	

【评比方式】

1. "时光隧道"以小队为单位,按时间的快慢依次排名,取前八名,得分依次为9、7、6、5、4、3、2、1。

2. "资源有限"与"赶小猪"项目按班级为单位进行排名,按第一名16分,第二名12分,第三名8分计入班级总分。

【活动准备】

1. 活动道具准备　　　　　负责人:张老师

2. 成绩统计　　　　　　　负责人:翁老师

3. 成立活动安全小组　　　负责人:杨校长

附件6

纸上谈兵

【活动宗旨】球衣是运动员进行足球运动时穿的衣服,一般分为上身短袖和下身短裤。球衣的设计要求颜色鲜明,可拼色组合,签名球衣更有着不同的象征意义,具有独特性、收藏性、艺术性等价值。海报点燃球迷的激情,用笔设计绘画出对球队的希望。

【活动时间】4月16日上午9:00~11:00

【摄影摄像】王老师

序号	活动名称	活动地点	活动内容	备注	负责人
1	决战之报	各班教室	海报设计小组合作讨论,根据提供的一些编排方式,小组一起设计海报草图并进行交流展示。	学生自带水彩笔	翁老师各班班主任
2	灵魂战袍	各班教室	4人小组合作讨论,根据球衣构成要素,设计球衣图,小组之间交流展示。可以添画球队特色进行加工,小组合作完成球衣。	学生自带水彩笔	蒋老师各班班主任

【活动准备】

1. 活动道具准备　　　　　负责人:张老师

2. 成绩统计　　　　　　　负责人:翁老师

3. 成立活动安全小组　　　负责人:杨校长

附件7

"声"动赛场

【活动宗旨】世界杯主题曲是指足球世界杯主题歌，历届世界杯都有热情、激动人心的主题曲。学生在欣赏经典的世界杯主题曲中，体会不同国家的音乐风格，感受优美的旋律和舞蹈带给他们的快乐，懂得快乐是可以通过音乐分享和飞越国界的。

【摄影摄像】王老师

序号	活动名称	活动地点	活动内容	备注	负责人
1	声入人心	各班教室	以学习层次为单位,根据学生欣赏音乐的能力,开展不同的音乐实践活动。先以班级为单位,组织学生集体聆听世界杯主题曲,学唱歌曲高潮部分,感受不同国家的音乐风格。然后以小组为单位,选择一首主题曲,进行动作的创编,在音乐实践活动中相互合作,表现世界杯主题曲的音乐特点。	歌曲与舞蹈可在周末提前练习	翁老师各班班主任
2	球舞飞扬	各班教室	以班级为单位,根据自己班级所选择的国家的歌曲进行一段球舞的编排并练习。		蒋老师各班班主任

【评比方式】领导团队以及音乐老师班级巡查，并从班级参与度，学习氛围，编排的舞蹈质量三个方面进行打分，满分30分。

【巡查小组成员】俞校长、杨校长、孙书记、缪校长、唐老师、叶老师

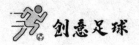

附件8

一站到底比一比

一、活动宗旨

一站到底以足球知识竞赛的形式，提高学生对足球知识学习的兴趣。通过足球知识与足球文化的知识竞猜，推动中小学生对足球运动有更多的认识与了解，让更多的学生懂足球、爱足球。

二、活动信息

1．时间：4月17日

2．地点：各班教室、阶梯教室、风雨操场、美术教室、音乐教室、书法教室、会议室

3．对象：1~6年级全体师生

三、活动时间

班级赛：9:00~10:00

年级赛：10:20~11:20

四、活动内容

序号	活动名称	活动对象	活动时间	活动地点	活动准备	备注	负责老师
1	一站到底班级赛	一年级	9:00~10:00	各班教室	教师准备：一站到底闯关课件		各班班主任
		二年级					
		三年级					
		四年级					
		五年级	9:00~10:00				
		六年级					

续表

序号	活动名称	活动对象	活动时间	活动地点	活动准备	备注	负责老师
2	一站到底年级赛	一年级	10:20~11:20	会议室	教师准备：一站到底闯关课件、音乐	各班级选出10人参加积分赛，10名学生场外支援	各年级组长及各班班主任
		二年级	10:20~11:20	书法教室			
		三年级	10:20~11:20	音乐教室			
		四年级	10:20~11:20	美术教师			
		五年级	10:20~11:20	风雨操场			
		六年级	10:20~11:20	阶梯教室			

注：

1．一至四年级除参赛人员与场外支援人员外，其余同学在教室收看比赛的现场直播，五、六年级集体到场地内观看。

2．一至四年级班内由副班主任管理。

一站到底积分标准：

★	判断题：题目内容为足球运动的起源与发展类知识
★★	选择题：题目内容为足球技术与技能类知识
★★★	问答题：足球裁判类知识、竞赛类知识

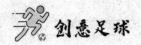

附件9

足球争霸

一、活动宗旨

运用习得的足球技能在赛场上充分发挥，展示个人以及团队的魅力，以赛促练，让学生更加喜爱足球。同时从足球比赛中感受团队的重要性，增强班级团队荣誉感。

二、活动信息

1．时间：4月18日

2．地点：操场

3．对象：五、六年级全体师生

三、活动时间

第一场：13:00~13:30

第二场：13:40~14:10

第三场：14:20~14:50

四、比赛制度

以班级为单位组建一支班级足球队，每支队伍10人，5人首发，5人替补，要求每支队伍必须有2名女生，进行5对5足球班级联赛，比赛时间为30分钟，实行循环赛，获胜方得3分，输球方不得分，若积分相同，按进球数进行排名。

按班级进行排一、二、三名，分别获得班级积分18、12、8。

五、对阵表

班级	501	502	503
501			
502			
503			

续表

班级	601	602	603
601			
602			
603			

注：

1．五年级比赛场地为排球场，六年级为篮球场。

2．一、二年级至排球场为五年级同学加油；三、四年级至篮球场为六年级加油。

附件10

杭师附小足球嘉年华闭幕式方案

【活动时间】4月19日周五下午13:30~15:00

【活动地点】操场

【主持人】黄许懿、周玲沂

【活动流程】

1．播放嘉年华花絮视频

2．主持人开场

3．主持人回顾各个年级不同项目活动视频

4．颁发各个趣味奖项得奖班级（根据积分评比）

5．美术作品展示

6．啦啦操表演

7．超级模仿秀一秀

8．领导总结并宣布仪式结束

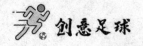

【活动准备】

1. 音响、摄像、开场视频（3分钟），电子屏以及足球嘉年华精彩活动回放（时间15分钟）　　　　　　　　　负责人：蒋老师

2. 年级组长周四下午将活动照片及视频资料发给相应的负责人（各年级照片共计30张左右）

3. 主持人：黄许懿、周玲沂　　　　　　　负责人：唐老师

4. 完成各种奖状打印、撰写　　　　　　　负责人：翁老师、姚老师

5. 4月18日前收齐各班美术作品并展示于大厅和小操场，4月19日早上8:30前完成投票，并统计结果　　　　　负责人：蒋老师、李老师

6. 颁奖礼仪同学及领奖学生培训　　　　　负责人：唐老师

7. 优秀美术作品准备　　　　　　　　　　负责人：蒋老师、李老师

8. 视频准备，摄影摄像　　　　　　　　　负责人：蒋老师、王老师

第五章

创意足球经典活动举样

第一节 "激情喝彩"活动方案

"激情喝彩"活动方案

一、活动目标

1. 通过节奏的模仿，乐器的演奏，增强学生的节奏感。

2. 培养学生学习足球的兴趣，培养学生团队协作与创新能力。

3. 创编口号，并能根据口号创编适合的节奏，通过不同口号、节奏的创编，发挥学生的想象，提高学生的创新能力。

二、重难点分析

1. 创编口号，并能根据口号创编适合的节奏，通过不同口号、节奏的创编，发挥学生的想象，提高学生的创新能力。

2. 口号与节奏的配合，并能使用合适的乐器伴奏。

三、活动准备

小乐器：沙锤、小鼓。

四、活动过程

（一）导入环节

1. 猜一猜

"小小身子圆又圆，爱穿黑白花衣裳，年纪虽然一大把，跑得却比谁都快，踢来踢去我不要，一定要往对门钻。"

2. 知识驿站

在2004年初，国际足联确认了足球起源于中国，"蹴鞠"就是史料中记载最早的足球活动。后来通过战争传播到了西方，如今的"现代足球"起源于英国。

【设计意图】通过猜谜语的形式，激发学生的兴趣，引出"足球"。通过足球小知识的学习，让学生初步了解足球，了解足球的起源，唤起中华民族自豪感。

(二) 合作探索

1. 观看一段足球比赛的视频。谈谈视频中的运动员和观众都给予你什么样的感觉?（兴奋、激动）

2. 你们会用什么形式来表现激动与喜悦呢?（呐喊、蹦跳、拥抱）

3. 按星级分三个小组学习。

★星级

(1)观看足球比赛的视频。谈谈视频中的运动员和观众的表现给你一种怎样的感受?

(2)跟老师念一念X X | X X X ||,并加入口号。

(3)用沙锤   把节奏和口号演奏出来。

★★星级

(1)观看足球比赛的视频。谈谈视频中的运动员和观众的表现给你一种怎样的感受?

(2)念一念:X X | X X 0 | X X | X X 0 ||

小组讨论,选择适合此节奏的口号:赛出风格,赛出水平;为球队助威,为胜利喝彩。

(3)用小鼓   把节奏和口号演奏出来。

★★★星级

(1)观看足球比赛的视频。谈谈视频中的运动员和观众的表现给你一种怎样的感受?

(2)2~4名同学为单位,讨论、创编为运动员加油的口号,并用适合的节奏念出来。

(3)用小鼓 把节奏和口号完整演奏。

【设计意图】让学生感受足球场的氛围,通过节奏创编等环节,培养学生的合作交往能力和探究创新能力,感受表现喝彩时的情绪与情感,增强学生对观看足球赛事的兴趣。

(三)拓展环节

1. 激情喝彩

师:经过刚才一番热闹的创作,同学们都有了各自的加油口号。现在我们一起观看比赛,请同学们用自己的口号来为球员加油吧。(播放比赛视频,用世界杯主题曲为背景)

2. 组组互评(他们能得到几颗★)

节奏准确	口号与乐器配合默契	组员配合默契	节奏、口号有创新

【设计意图】运用已创编的加油口号,结合场景与音乐体验,身临其境激情喝彩。

五、活动小结

足球是一项古老的体育运动,源远流长,越来越多的人开始喜欢这项运动。我们在感受足球运动魅力、体验足球运动快乐的同时,要学习足球场上运动员们拼搏进取、团结协作的体育精神。

【设计意图】通过了解足球文化,激发学生热爱足球运动,从中享受快乐收获健康,成就中国足球梦想。

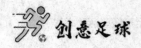

第二节 "决战之报"活动方案

决战之报(活动指导方案)

★设计"足球"的艺术字

一、活动目标

1. 书写美术字"足球",了解汉字创意设计的基本方法。

2. 对"足球"的笔画和结构做合理的联想和变形,创作出有创意的"足球"字体。

3. 在设计过程中提高形象思维和创新能力。

二、活动重难点

重点:学习"足球"字体的创意与设计的方法。

难点:"足球"字体设计的创意。

三、活动准备

教师:一个足球实物,16开素描纸。

学生:马克笔等绘画工具。

四、活动过程

(一)活动导入

1. 展示实物足球,问学生:"这是什么?"(用粉笔或马克笔板书楷体字"足球")

2. 请学生写一写和老师不一样的"足球"两字(2分钟)。

3. 展示几张不同创意的"足球"字体后交代任务："今天我们一起来写出有创意的'足球'两个字。"

【设计意图】通过师生书写的"足球"两字的对比，初步了解普通汉字和创意汉字的不同。

（二）小组活动：合作探究

1. 分成三个小组学习

学习小组一的任务：

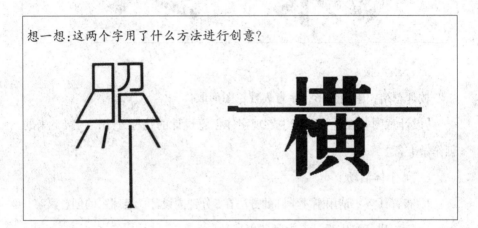

学习小组二的任务：

学习小组三的任务:

> 想一想:这两个字用了什么方法进行创意?
>
>

2. 小组汇报

教师总结:笔画变形,字意表现,图形取代。

【设计意图】在合作学习中发现字体创意设计的几种方法,为接下来的创作做准备。

(三)个体活动

1. 布置任务:请用刚才学到的方法在5分钟内设计"足球"的创意汉字。

2. 学生进行汉字设计,教师巡视辅导。

【设计意图】鼓励学生结合字体的设计方法,对"足球"进行自己的创意设计。

(四)成果展示

请学生将设计完成的成果张贴在展示板上,同伴进行互相评价。

【设计意图】鼓励学生进行评判,学会相互学习,促进社会性发展。

★★手绘足球相关主题文字

活动过程与设计"足球"的艺术字类似,作业设计时可以不仅仅限于"足球"两字,与足球相关的主题文字皆可。

参考主题文字:世界杯,世界足球日,FOOTBALL,足球比赛等

★★★手绘一张完整的足球比赛海报

一、活动目标

1. 通过欣赏世界杯足球赛的海报，了解具有各国文化特色的足球海报及组成部分。

2. 运用独立的造型语言为校园足球赛徒手绘制一张海报。

3. 在小组合作过程中，体验团队精神和足球精神。

二、活动重难点

重点：了解手绘海报的构成要素，设计足球海报。

难点：海报的创意设计。

三、活动准备

教师：世界杯足球赛海报，相关的足球图片和美术字素材，16开和8开素描纸。

学生：马克笔等绘画工具。

四、活动过程

（一）活动导入

1. 创设情境：最近，我们学校准备举办一次学生足球比赛，赛前想对这次比赛进行前期宣传，同学们有什么好的建议？

2. 学生思考后发表观点：发传单，画海报……

3. 布置任务：今天我们小组合作完成一份手绘足球海报。

【设计意图】创设情境，用足球比赛的宣传这一实际任务唤起学生的思考，理解海报是"画在纸上，张贴在公共场所来传达信息"这一概念。

（二）小组活动

1. 活动一：

（1）分析海报的组成：标题、内容、插图。

（2）探究海报的排版方式。

（提供一些画好的标题、内容、插图，在底板上进行拼摆）

（3）展示：对角式、上下式、中轴式……（避免太散、太乱、主题文字太小）

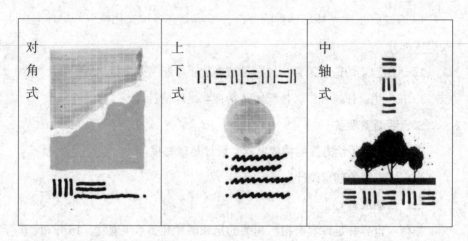

对角式	上下式	中轴式

【设计意图】让学生明白招贴画的基本结构（标题、内容、插图），小组探究海报的一些版式编排方式，为后续的创作奠定基础。

2. 活动二：

（1）明晰作业要求：为校园足球赛设计一张海报，要求主题明确，版面编排合理美观。

（2）小组合作绘制一张足球海报。

【设计意图】学用一体化，通过小组合作完成足球海报的设计与绘制。

（三）展示评价

1. 看一看：自己小组和其他小组设计的足球海报，发表感受。

2. 评一评："最受欢迎奖""最有美感奖""最具创意奖"。

【设计意图】在欣赏和评价中相互学习，取长补短，进一步拓展自己的视野。

（四）活动小结

赏一赏：历届世界杯足球赛海报。

第三节　"赶小猪"活动方案

"赶小猪"主题活动方案

一、活动目的

足球比赛中，运球与运球过人是运动员个人控球能力和个人进攻能力的集中体现，熟练掌握与合理运用运球和运球过人技术，对调控比赛节奏、丰富战术变化、突破密集防守、创造射门机会都具有实际的意义。利用趣味游戏的方式，让学生在玩中学，学中玩，提高对足球的兴趣。

二、活动宗旨

体验到足球运动的快乐，提高反应速度、起跑速度和身体协调性，增强学生的脚下控球能力，在学习和练习中锻炼团队合作意识和竞争意识。

三、活动目标

1. 认知目标：通过本次活动学习，让学生了解足球，对足球产生兴趣。

2. 技能目标：通过本次活动学习，所有同学都能达到能力一星级，用双手赶小猪；80%的同学能达到二星级，用双脚赶小猪；20%的同学能达到三星级，运球过障碍物。

3. 情感目标：培养学生吃苦耐劳的意志品质，发扬在竞争中努力争胜的精神。

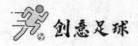

四、活动内容

1. 运球过程中触球的力量控制。

2. 跑动过程中对人与球的结合。

活动部分	活动步骤与方法			组织与要求	活动	
	内容与方法	教师活动	学生活动		次数	时间
活动准备（5分钟）	热身环节 "动感贪吃蛇"由八个组组长带领，随着音乐的节奏在固定范围内跑动。（要求：跑动过程中不得碰到、撞到其他组的同学，将地上的球从胯下通过，由最后一名同学将球捡起）	热身环节 1.讲解游戏规则 2.强调慢跑过程中的安全 3.用游戏来调动学生运动兴趣，并用哨声来发号令 4.热身跑过程中关注特殊情况（语言鼓励与引导）	热身环节 1.听教师讲游戏规则 2.认真观察教师动作，并跟随做 3.注意慢跑过程中的安全 4.组长带领组员组织好跑动路线	———— ———— ———— ☆ 要求：静、齐、快	1次	约2分钟
活动过程（30分钟）	赶小猪 1.足球别跑 1.1鸭子步 小组比赛，将球用双手放置胸前，向前至标志桶后绕回，下一名同学出发 （全纳性：根据要求，所有同学都能完成）	赶小猪 1.足球别跑 1.1鸭子步 a.讲解动作要求 b.提问：怎么样才能鸭子步快速往前	赶小猪 1.足球别跑 1.1鸭子步 a.认真听教师讲要求 b.跑动过程中注意避让 c.思考并回答问题	队形： 	2次	约1分钟

184

续表

活动部分	内容与方法	活动步骤与方法		组织与要求	活动	
		教师活动	学生活动		次数	时间
	1.2双手赶小猪（能力★）在走鸭子步的基础上,将球放置在两脚之间,用双手将球推动往前（提问:怎么样才能做到让球一直在自己的控制范围内）	1.2双手赶小猪 a.讲解示范动作要求 b.组织学生进行比赛 c.提出问题	1.2双手赶小猪 a.学生仔细听动作要求,认真观察教师示范动作 b.认真听讲 c.思考并回答问题	队形:同上	2次	约1分钟
活动过程（30分钟）	1.3双脚运球（能力★★）学生利用鸭子步的方式,尝试用双脚交替运球向前绕杆返回,要求不丢球（提问:怎么样才能做到将球一直控制在双脚之间）	1.3双脚运球 a.讲解示范练习动作,强调不丢球 b.提问:怎么样才能做到将球一直控制在双脚之间	1.3双脚运球 a.积极思考,积极举手回答问题 b.积极尝试,实践中发现问题、解决问题	队形:	2次	约1分钟
	1.4教师示范与讲解 教师做正确的示范动作,并对动作进行详细讲解	1.4教师示范与讲解 教师示范（快速）并刻意夸张强化技术动作	1.4教师示范与讲解 仔细观察教师动作,认真观察模仿	队形:同上	2~3次	约1分钟

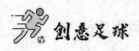

活动部分	内容与方法	活动步骤与方法		组织与要求	活动	
		教师活动	学生活动		次数	时间
活动过程（30分钟）	1.5尝试练习并比赛检验 每组讨论选出技术最好的同学担任组长,对组内同学进行教学指导	1.5尝试练习并比赛检验 a.强调练习过程中的安全 b.强调比赛规则 c.积极引导比赛氛围	1.5尝试练习并比赛检验 认真思考并练习,组长反复观察同学的动作,纠正错误动作的同学		2~3次	约1分钟
	1.6课堂小比赛后再加强练习 组与组之间的挑战赛 赛后进行查漏补缺(全纳性:练习由易到难,从将球拿在手里到用双手滚动再到用脚向前运球)	1.6课堂小比赛后再加强练习 再次强调在比赛过程中出现的问题,并做出示范	1.6课堂小比赛后再加强练习 反思比赛时自我的表现,思考错在哪里,认真再练习			
	2.穿越火线(能力★★★) 2.1教师讲解规则与示范 运球前进,派一名同学在另一名同学运球前进时在道路上设置障碍,要求足球不得碰到障碍物,返回后下一名同学出发	2.穿越火线 2.1教师讲解规则与示范 带领学生进行一次完整示范,强调其中的重点	2.穿越火线 2.1教师讲解规则与示范 a.认真观察教师动作 b.大胆尝试,寻找方式方法	队形: ![队形图]	2~3次	约1分钟

续表

活动部分	内容与方法	活动步骤与方法		组织与要求	活动	
		教师活动	学生活动		次数	时间
活动过程（30分钟）	2.2学生自主练习 根据要求,组内模拟练习,一名同学专门设置障碍	2.2学生自主练习 a.关注学生在练习过程中的安全 b.个别指导,纠正错误	2.2学生自主练习 a.大胆尝试 b.有问题时大胆向教师寻求帮助		2次	约1分钟
	2.3小组讨论 组内讨论方式方法以及人员安排,决定派出人员	2.3小组讨论 讲解人员安排要求 巡回并指导	2.3小组讨论 积极讨论,组长组织选定人选	队形:		
	2.4终极挑战 组与组之间的挑战赛 要求每组派一名同学与其他组交换设置道路障碍 (责任转换:由同学自己给对方设置障碍,阻碍前进道路)	2.4终极挑战 a.详细讲解比赛规则并做示范 b.积极组织比赛,营造比赛氛围	2.4终极挑战 积极参加比赛,团结合作			
活动回顾（5分钟）	放松游戏 1.四人一组围着桩子,听哨声传递桩子,哨声再次响起时,桩子在谁手里,就由该同学带一节放松运动 2.评价与回顾 学生根据自己在本次活动中的表现对自己进行一个系统的评价和得分	放松游戏 1.教师引导学生进行放松活动 2.教师引领活动评价与回顾 3.师生互相再见和鼓励	放松游戏 1.学生自创放松操,由学生带领放松操 2.参与回顾和评价	队形: ☆	1次	约2分钟

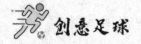

五、活动建议

1. 组织实施：

（1）整体练习，进行比赛。

（2）分小组自主练习，可2人或多人进行接力比赛。

（3）分区域练习，进行组间比赛。

提问：练习中怎样做才能让自己的失误更少？

2. 能力实施：个人或小组创建快速高效的赶球动作，和同学或者组员交流分享，并主动体验动作；个人或小组反思失败的教训，积极调整和学习，争取有新的突破。

问题：（1）你在赶球（绕障碍物）的时候有什么好的经验？

（2）学习中同伴遇到困难，你是否曾给予同伴鼓励与支持？

3. 活动评价：

评价指标	评 价 内 容	评价等级
		★　★★★★★
个人能力	★个人能做出正确的判断。 ★★自己能自主学习。 ★★★自己能担当引领者组织大家一起学习。	
多元能力	★熟练掌握自己最擅长的运球动作。 ★★规定的时间内用自己最擅长的动作完成练习。 ★★★规定的时间指定动作完成练习。	
交往能力	★学习中有困难主动寻求帮助。 ★★学习中同学有困难能主动帮助。 ★★★团体学习中主动相互帮助。	
创新能力	★学习中有自己的方式方法进行练习。 ★★能结合自己的练习方式与同学交流并练习。 ★★★自己所创造的方式方法被同学所接受并使用。	

4. 活动准备：

足球场、标志桶、分队服、足球。

第六章

创意足球的实践成效

第一节　创意足球活动的成效

1. 创意足球活动对学生的实践成效

创意足球开展以来，校园布置体现出足球运动元素，不仅在班级里布置展示足球历史演变，还在学习园地中张贴学生足球学习小报。学生对足球的认知越来越多，对足球运动越来越感兴趣。在足球嘉年华时，孩子们设计宣传广告、准备足球解说词、备好足球运动服，兴致昂扬。足球嘉年华活动获得家长、老师、学生、社会的一致好评，对学生的足球启蒙影响较大，鼓舞了全校师生对足球运动的热情。经常能看到很多学校的足球队每天都在足球场训练。班级足球队如雨后春笋般出现，在全区形成了浓浓的足球气氛。

上城区校园足球赛的开展比较广泛，目前有将近2/5的中小学校参与了杭州市校园足球联赛，中学4所（建兰中学、江城中学、清河中学、清泰实验学校等），小学6所（胜利、胜利赞成、天长、崇文、勇进实验、上教院附小等）。在上城区的足球比赛中约有6支中学队伍和16支小学队伍参赛。上城区校园足球队水平比较高，有全国级别的青少年足球比赛冠军（清河中学），省级足球比赛中也多次获得冠亚军（崇文、上教院附小），市级足球比赛冠军（勇进实验学校、建兰中学、清泰实验学校）。上城区教育学院附属小学足球队曾荣获浙江省中小学生校园足球联赛小学男子组冠军；杭州市清

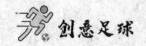

河实验学校曾获得浙江省中学生校园足球联赛总决赛五连冠；杭州市建兰中学荣获2016年浙江省第七届中小学生校园足球联赛初中男子组冠军。

2. 创意足球活动对教师的实践成效

上城区目前的体育教师队伍中，足球专业的毕业生有3名，常年带队的足球教师小学6名、中学5名。国家级足球裁判1名，一级裁判3名，二级裁判4名。近年来特聘西班牙外籍足球教练吉列莫指导上城区的足球发展，并在勇进实验、上教院附小和崇文等学校任教。鉴于上城区各项创意足球活动有序开展，教师专业技能发展、个人业务能力发展都得到极大提升。省、市级优质课获奖人数创新高，省、市级科研论文、学会论文、专著出版、期刊发表层出不穷。2019年8月，杭州天地实验小学叶科辰老师的案例入围全国30个优秀案例，获得"全国小学体育活力校园国际交流奖"和"全国小学体育活力校园课内体育教学创新奖"，取得赴美交流学习资格。杭州市大学路小学王洋老师的案例获得"全国小学体育活力校园体育文化创新奖"和"全国小学体育活力校园最佳校园创新奖"。在两位教师的授课下，全国10所偏远地区的小学生一起体验了创意足球教学。

3. 创意足球活动对学校的实践成效

目前，上城区共有全国青少年校园足球特色学校2所（清河实验、上教院附小）；浙江省青少年校园足球特色试点学校3所（建兰中学、清泰实验、勇进实验）；省级体育特色学校3所（勇进实验、娃哈哈、上教院附小）；市队联办学校6所（杭六中、杭十中、勇进实验、清河实验、江城、上教院附小），其中足球联办2所（上教院附小、清河实验）；市级综合类体育特色学校3所（清河实验、杭六中、建兰）；市级体育特色项目传统学校5所（杭师附小、紫阳、大学路、穆兴、勇进实验）；区级传统项目学校21所。这些数字还在持续不断地刷新。同时，创意足球运动的开展让上城区很多学校发展有特色，在校园文化建设上丰富多彩，班级、校园无处不足球，课上课下无处不创意，足球和语文、数学、英语、科学、艺术等学科的融合使校园更有活力，校园足球更有生命力。

4. 创意足球活动对区域的实践成效

近年来，上城区不断推动足球创意活动，营造"阳光体育、快乐足球"的校园足球理念。以校园足球为载体，培养足球兴趣，丰富课余生活，让足球成为青少年终身受益的体育锻炼方式之一，促进青少年身心健康与德智体全面发展和学校办学特色建设。与此同时，它还有效推动了上城区体艺课程精品化的建设和实践，通过区域协同使区域体艺特长类课程建设多样化、科学化、价值化，使体艺课程有脉络、学校发展有特色、学生素养有提高、教师专业有发展、精品课程有地位。上城区在创意足球的推进过程中，牢牢树立"大足球"理念，将技能、个性、创新和交往的能力培育融为一体，坚持足球教育贵在育人的理念，弘扬足球文化，落实了上城美好教育的育人目标要求，推动上城区青少年足球运动全面、稳定、健康、持续发展，使校园足球事业迈上新台阶。

第二节　创意足球的深入发展

1. 校园足球课程化发展进一步推进，确保足球技能教学有质量

依据不同学段年级学生的认知水平和身心发展规律设计校园足球课程。校园足球以课程的形式进入体育课堂，保证校园足球的普及。目标2019年达成足球人口的指标，为"中小学生经常参加足球运动人数超过3000万人，全社会经常参加足球运动的人数超过5000万人"贡献应有的力量。

2. 校园足球平台化管理进一步加强，确保足球推进有效率

一级平台为校园足球发展导助平台。教育局政策制度保障，基地学校开展省、市、校级联赛。教育学院设置校园足球课程，各校落实校园足球进校园。

二级平台为体育教师助力平台。加强教师队伍足球专项技能培训，提升校园足球指导水平。区内教师分级培训，全体教师基础提升培训，骨干教师脱产培优，优秀教师出国考察及培训。搭建足球教师赴绿城足球学校跟岗培训，加强区域之间足球教师交流活动，提升教师足球认识和自身素质。

三级平台为学生校园足球活动平台。加强校园足球文化阵地建设，注重课堂教学普及，搭建学校足球文化社团，开展校际之间的交流，最终建立人人能踢球、班班有球队、年段有联赛、校级有杯赛的区域校园足球平台。场地不足的学校在五人制足球的基础上，利用羽毛球场、排球场地开展三人制足球赛，低段年级可以开展点球大赛、足球带球接力等单项技术能力比赛。

四级平台为家长助力校园足球平台。加强与家长沟通，完善亲子足球赛。

3. 校园足球制度化建设进一步完善，确保足球推广有保障

制订校园足球推进方案，建立完善的校园实施制度，建构多元化评估体系，合理奖惩机制，形成齐抓共管的良好局面。

4. 校园足球共享机制进一步落实，确保足球推广有活力

外籍足球教师区域联聘任制度，可以多校聘任一个专业足球教师，也可以两校合聘。专职足球教师划片任教，师资共享；校园足球课程做到全区共享，场地共享。

5. 校园足球国际化进一步拓展，确保足球推进有梦想

拓展校园足球国际化视野，签约外籍教练指导校园足球工作，为区域校园足球传经送宝。开展与国外传统足球学校联谊和交流等活动，拓展国际视野。

6. 校园足球教师培养体系化进一步完善，确保足球事业持续发展

校园足球事业的持续发展，需要培训体系的健全。区教育学院教师发展研究中心组建90学时等各种形式培训班，借助绿城足球的资源，分层分级培养体育教师足球技术与教学能力，建立足球教师梯队。组建校园足球研修团队，定期开展足球研讨活动，提高区域足球整体水平。三年内完成杭州市足球教师的培训比率。

相信，在各级领导、学校、老师、家长等的支持与帮助下，我们的孩子一定会越来越喜欢足球运动，我们的足球活动也一定会越来越丰富，越来越好！

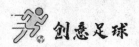

后　记

金秋十月，桂花飘香。在这欢庆祖国70周年华诞的美好季节里，《创意足球》一书在大家的支持和帮助下，终于付梓了。

自2016年4月上城区教育局与浙江绿城的双城文化创意有限公司签署校园足球"框架合作协议书"以来，双方在校园足球的课程开发、足球教学、师资培训、青训等方面深入合作，本书便是在此合作实践的基础上，总结经验撰写而成的。

校园足球本在育人。竞技运动本身能够增强学生的体质，培养学生完善的人格；校园足球运动的开展有利于引导学生养成吃苦耐劳、遵纪守则、团结协作、理性克制的意志品质，从而逐渐形成正确的人生观、价值观；校园足球文化建设更是培养上城学子达成素质均衡、全面发展目标的重要举措。

本书由方勤主编，王杨燕、黄燕和俞富根担任副主编，各章的作者分别为：第一、六章，陈继辉；第二章，郭延龙；第三章，郭延龙、罗正骅、翁秋虹、邵佳佳、戴竞成；第四章，唐凌毅、李利娇、张东明、俞海凤、徐婷婷、甘姝蓓、唐绮薇；第五章，叶菁、羊宇辉、蒋文婕、孟晓超。杭州师范大学第一附属小学缪于冰老师进行了校稿工作。

感谢浙江绿城足球俱乐部、绿城"双城文化"公司申屠文婕、黄然、褚光亚等专业人士和上城区罗正骅、郭延龙、孙文豹、陶佳瑜等足球教练！感谢诸位在《创意足球》一书的第一次研讨会上，共同协商上城足球文化建设，为本书的撰写提供了方向性的指导和建议，同时收集整理第三篇章"创意足球活动解析"中的文稿雏形。真诚希望后续仍能得到诸位的专业引领！

感谢本书撰写过程中给予支持与肯定的所有领导和专家们！感谢杭州市上城区教育学院院长王莺女士拨冗为本书作序，感谢其对本书的高度评价与殷切希望！

感谢上城区教育学院基础教育研究中心和科研中心为本书提供的理念引领、技术指导与出版过程中的支持与帮助！

最后，由于我们对校园足球文化建设的研究还在不断摸索，书中难免会有一些不当之处，敬请广大读者批评指正，提出宝贵意见。

编 者

2019年10月于杭州上城

图书在版编目(CIP)数据

创意足球 / 方勤主编. -- 北京：现代出版社，
2019.10
ISBN 978-7-5143-3332-9

Ⅰ.①创… Ⅱ.①方… Ⅲ.①学校体育－足球运动－
教学研究 Ⅳ.①G843.2

中国版本图书馆CIP数据核字(2019)第251091号

作　　者：方　勤
责任编辑：光丽姣
出版发行：现代出版社
通讯地址：北京市安定门外安华里504号
邮政编码：100011
电　　话：010-64267325　64245264(传真)
网　　址：www.xdcbs.com
电子邮箱：xiandai@cnpitc.com.cn
印　　刷：杭州万星印务有限公司
开　　本：710mm×1000mm　1/16
字　　数：185千字
印　　张：12.75
版　　次：2019年12月第1版　2019年12月第1次印刷
书　　号：ISBN 978-7-5143-3332-9
定　　价：58.00元